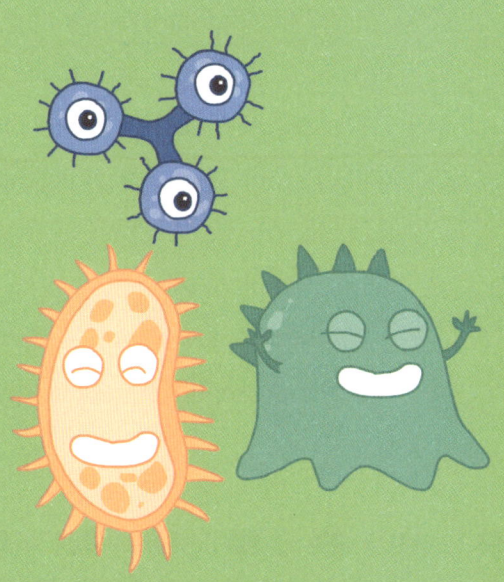

The World's Top Five Most Important Plants and Animals

Life on earth is disappearing with species hurtling towards extinction at an unprecedented rate. From the Amazon rainforests to the frozen ice fields of the arctic, plants, animals and insects are disappearing at alarming rates. This is a direct result of pollution, habitat loss, climate change and hunting.

Human activity is causing the loss of habitat through urbanisation, agriculture and deforestation. This combined with climate change, is considered to be the biggest threat to plants and animals. Perhaps, we, the highest life forms may be the sixth reason to contribute to the loss of life on earth.

Now, in the face of the growing threat posed by environmental changes around the globe, five leading scientists argue whether there is a single type of plant or animal which the planet cannot afford to lose.

The debate, titled Irreplaceable – The World's Most Invaluable Species, will examine five expert cases for the world's most important plants and animals from a shortlist of five. This list will cover primates, bats, bees, fungi and plankton.

Plankton provide food for some of the smallest and biggest animals on the planet, including the Blue Whale. Fungi clean up remains of dead plants and animals by decomposing them and returning the nutrients back to the environment.

Many fruit and nuts such as almonds, peaches, and avocados are totally reliant upon bee pollination. Bats are a major predator of insects and play a key role in controlling insect population.

Primates are our closest cousins.

All life on earth is precious after all. Our lives are inextricably linked with biodiversity and ultimately its protection is essential for our very survival. Humans are responsible for maintaining and preserving what nature has created. Just think, humans are a part of nature!

In the Text
1. Plankton
2. Fungi
3. Bees
4. Bats
5. Primates

지구에서 절대로
사라지면 안 될
**다섯 가지
생물**

풀과 바람 환경생각 12

지구에서 절대로 사라지면 안 될 다섯 가지 생물
The World's Top Five Most Important Plants and Animals

1판 1쇄 | 2019년 9월 25일
1판 8쇄 | 2022년 4월 1일

글 | 신정민
그림 | 마이신(유남영)

펴낸이 | 박현진
펴낸곳 | (주)풀과바람
주소 | 경기도 파주시 회동길 329(서패동, 파주출판도시)
전화 | 031) 955-9655~6
팩스 | 031) 955-9657
출판등록 | 2000년 4월 24일 제20-328호
블로그 | blog.naver.com/grassandwind
이메일 | grassandwind@hanmail.net

편집 | 이영란
디자인 | 박기준
마케팅 | 이승민

ⓒ 글 신정민, 그림 마이신(유남영), 2019

이 책의 출판권은 (주)풀과바람에 있습니다.
저작권법에 의해 보호를 받는 저작물이므로 무단 전재와 복제를 금합니다.

값 12,000원
ISBN 978-89-8389-811-1 73470

※잘못 만들어진 책은 구입처에서 바꾸어 드립니다.

이 도서의 국립중앙도서관 출판예정도서목록(CIP)은 서지정보유통지원시스템 홈페이지(seoji.nl.go.kr)와
국가자료공동목록시스템(www.nl.go.kr/kolisnet)에서 이용하실 수 있습니다. (CIP제어번호 : CIP2019031851)

제품명 지구에서 절대로 사라지면 안 될 다섯 가지 생물 | **제조자명** (주)풀과바람 | **제조국명** 대한민국
전화번호 031)955-9655~6 | **주소** 경기도 파주시 회동길 329
제조년월 2022년 4월 1일 | **사용 연령** 8세 이상
KC마크는 이 제품이 공통안전기준에 적합하였음을 의미합니다.

⚠ 주의
어린이가 책 모서리에
다치지 않게 주의하세요.

지구에서 절대로 사라지면 안 될
다섯 가지 생물

신정민 · 글 | 마이신(유남영) · 그림

풀과바람

머리글

모든 생명을 사랑해요!

세상엔 얼마나 많은 생물이 살고 있을까요? 코끼리나 개미, 소나무, 민들레처럼 우리가 아는 동물과 식물 말고도 이 지구는 온갖 생명으로 가득 차 있습니다. 심지어 작은 물컵에도, 우리 몸속에도 수많은 생물이 쉴 새 없이 우글거리고 있습니다.

그런데 우리가 모르는 사이 지구 곳곳에선 함께 살던 다른 생물들이 흔적도 없이 사라지고 있습니다. 지난 44년 동안(1970년부터 2014년까지) 지구 위에 사는 포유류와 조류, 어류, 파충류, 양서류는 절반이 넘게 사라졌다고 합니다(세계 자연 기금(WWF) 발표, 2018년 10월 30일).

또 얼마 전 세계 자연 보전 연맹(IUCN)은 약 8만 종의 생물을 조사한 뒤 그중 2만 종 넘는 생물이 멸종 위기에 처해 있다고 발표했습니다(2014년). 이러다 어쩌면 사람도 사라지게 될지 모른다고 말하는 이도 있습니다.

한번 사라진 생물은 다시 돌아올 수 없습니다. 지금 남아 있는 생물도 별로 안전하지 않습니다. 지구는 점점 뜨거워지고, 환경은 오염되고, 먹이가 줄어들고, 서식지가 파괴되고, 사람들이 너무나 많이 잡아들입니다.

생물이 멸종하는 속도도 훨씬 빨라졌습니다.

"이런 상황에서도 절대 사라져선 안 될 생물은 무엇일까?"

지구를 걱정하는 학자들이 머리를 맞댄 끝에 다음의 '다섯 가지 생물'을 꼽았습니다(국제 환경 단체 어스워치, 2008년). 그것은 바로 플랑크톤, 균류, 벌, 박쥐, 영장류였습니다.

플랑크톤은 지구에서 필요한 산소의 반을 만들어내고, 물속 동물들의 첫 번째 먹이가 됩니다. 균류는 죽은 동식물을 잘게 분해하는 지구의 청소부입니다. 벌은 식물이 열매를 맺게 돕는 최고의 농사꾼입니다. 밤의 사냥꾼 박쥐는 남들이 흉내 낼 수 없는 놀라운 초능력을 갖고 있습니다. 숲을 풍성하게 하는 영장류는 사람과 가장 가까운 친척입니다.

이 다섯 생물에겐 사라져선 안 될 중요한 이유가 있지만, 사실 다른 모든 생물도 무엇 하나 사라져선 안 됩니다. 지구에 사는 모든 생명은 서로 잘 어울려 살아갑니다. 음악회의 모든 악기가 제 역할을 하듯 조화를 이룹니다. 어쩌면 모든 생명이 다 모인 게 하나의 커다란 생명일 수도 있고, 지구 전체가 하나의 생물일 수도 있습니다. 그 속에서 우리 인간은 어느 위치에 있을까요?

자, 이제 다섯 손가락을 하나하나 꼽아 가며 소중한 친구들을 만나러 가 봅니다. 지구에서 절대로 사라지면 안 될 다섯 가지 생물입니다. 아참! 함께 만나는 동안 꼭 기억해 두기로 해요. 어쩌면 우리가 잊고 있던 사실 한 가지, 인간은 자연의 주인이 아니라 자연의 일부라는 걸요.

2019년 강원도 춘천에서
신정민

차례

제1부 : 플랑크톤

1. 플랑크톤이 궁금해 … 10
2. 식물 플랑크톤과 동물 플랑크톤 … 14
3. 플랑크톤이 사는 법 … 18
4. 신기하고 놀라운 작은 세상 … 24
5. 너무 많아도 곤란해! … 26

제2부 : 균류

1. 세균이 궁금해 … 34
2. 바이러스, 세상에서 가장 작은 생물 … 38
3. 곰팡이와 버섯 … 42

제3부 : 꿀벌

1. 꿀벌이 궁금해 … 50
2. 벌집 안이 궁금해 … 56
3. 꿀벌의 한살이 … 58
4. 꿀맛 나는 꿀의 비밀 … 62
5. 꿀벌의 위기 … 66

제4부 : 박쥐

1. 박쥐가 궁금해 … 72
2. 신통방통 재주꾼 … 74
3. 개성 만점 박쥐가 사는 법 … 78
4. 박쥐가 사라지면 안 되는 까닭 … 82

제5부 : 영장류

1. 영장류가 궁금해 … 90
2. 사람을 쏙 빼닮은 유인원 … 96
3. 온종일 시끌벅적 원숭이 세상 … 102
4. 지구를 지키는 영장류 … 106

다섯 가지 생물 관련 상식 퀴즈 … 110
다섯 가지 생물 관련 단어 풀이 … 112

플랑크톤 제1부

물에 동동동 떠다니며 사는 플랑크톤!
바닷속 모든 생명을 먹여 살릴 뿐 아니라,
땅 위 식물 전체가 만들어내는 것과
비슷한 만큼의 산소를 만들어내는
지구 최고의 살림꾼이랍니다.

1. 플랑크톤이 궁금해

생물이 살아가는 방법은 참으로 가지가지입니다. 그중엔 그저 물살에 몸을 맡긴 채 둥둥 떠서 살아가는 것도 있어요. 식물이든 동물이든 상관없이, 그런 생물을 통틀어 '플랑크톤'이라고 해요. '떠돌이'를 뜻하는 그리스 말에서 비롯된 이름인데, 우리말로는 '떠살이생물'이라고도 하지요.

떠도는 작은 생명

플랑크톤이 이렇게 사는 건 게으르고 귀찮아서가 아니에요. 몸이 워낙 작고 가벼워 물살을 이길 수 없기 때문입니다.

도대체 얼마나 작냐고요? 바닷물을 물병에 가득 담으면 그 안에 수십만 마리, 또는 수백만 마리가 있을 정도예요. 너무나 작아서 우리 눈엔 잘 보이지 않습니다. 플랑크톤을 보려면 우리도 그만큼 작아지거나, 아니면 현미경으로 들여다봐야 해요.

하지만 세상의 모든 플랑크톤이 다 이렇게 작고 가벼운 건 아닙니다. 몸이 길쭉한 화살벌레(몸길이 1~9센티미터)는 지느러미를 움직여 제법 그럴싸하게 헤엄을 쳐요. 또 물컹물컹한 몸을 가진 해파리 역시 플랑크톤에 속하는데, 어떤 것은 사람보다도 훨씬 크답니다.

플랑크톤의 종류(크기별)
- 극초미소 플랑크톤 : 0.02~0.2㎛(바이러스 등)
- 초미소 플랑크톤 : 0.2~2㎛(박테리아 등)
- 미소 플랑크톤 : 2~20㎛(작은 규조류 등)
- 소형 플랑크톤 : 20~200㎛(거의 모든 식물 플랑크톤)
- 중형 플랑크톤 : 0.2~2mm(지각류, 요각류 등)
- 대형 플랑크톤 : 2~20mm(모악류, 난바다곤쟁이류 등)
- 거대 플랑크톤 : 20mm 이상(해파리 등)

어디든지 살아요

우리는 둥둥 떠다니는 '플랑크톤'

이처럼 플랑크톤은 종류가 아주 많습니다. 헤엄치는 능력이 거의 없거나 아예 없어서 물살에 이리저리 떠밀리며 사는 것은 모두 플랑크톤이라고 보면 돼요. 어떤 학자들은 몸길이 3~4미터에 무게가 1톤이나 되는 개복치도 플랑크톤의 하나로 봐요. 개복치는 풍선처럼 둥둥 떠다니다 입 안으로 들어오는 해파리나 작은 먹이들을 넙죽넙죽 먹으며 살아가지요.

플랑크톤은 이 넓은 지구의 구석구석 어디에나 물이 있는 곳이라면 틀림없이 자리를 잡고 살고 있습니다. 바다는 물론이고 강과 개울, 집 앞의 연못이나 도랑에도 살아요. 빗물이 고인 길가의 웅덩이, 베란다의 화분 받침 안에도요. 컵 속에 먹다 남은 물을 오래 두어 지저분해지면 그 안에도 금세 플랑크톤이 번식해 살 수 있답니다.

2. 식물 플랑크톤과 동물 플랑크톤

모든 생물은 살기 위해 어떤 식으로든 양분을 얻어야 합니다. 식물은 물과 공기와 햇빛을 받아 스스로 양분을 만들어요. 동물은 그런 식물을 먹거나 또 다른 동물을 잡아먹고요.

플랑크톤 세상도 마찬가지예요. 식물 플랑크톤은 땅 위의 식물처럼 스스로 양분을 만들어서 제 몸을 키우거나 후손을 퍼뜨립니다.

바다 전체를 먹여 살려요

보통의 식물은 햇빛을 받으면서, 뿌리로는 물을 빨아들이고 잎으로는 공기를 들이마셔요. 식물은 물과 공기에 햇빛을 더해서 양분을 만들어내는 재주가 있어요. 이걸 '광합성'이라고 합니다.

광합성으로 제 몸을 키우고 맛 좋은 열매를 만든 식물은 초식 동물의 먹이가 돼요. 초식 동물은 육식 동물의 먹이가 되고요. 이렇게 해서 결국은 모두가 식물이 만든 햇빛 에너지와 땅속 양분을 먹고 사는 셈이에요.

바닷속 세상에서, 식물 플랑크톤을 먹은 동물 플랑크톤은 작은 물고기들의 먹이가 됩니다. 작은 물고기들은 그보다 더 큰 물고기들의 먹이가 되고요.

바닷속에는 엄청난 양의 식물 플랑크톤이 있고, 끊임없이 새로 생겨나요. 그러니 식물 플랑크톤은 제 몸을 바쳐 바다 생물 전체를 먹여 살리는 셈이에요. 식물 플랑크톤이 없다면 바다 생물 전체가 사라지고 말 겁니다.

지구를 지키는 산소 공장

식물 플랑크톤은 광합성을 하면서 신선한 공기를 퐁퐁 내뿜어요. 공기 속의 이산화탄소를 흡수하고 산소를 내뱉거든요. 식물 플랑크톤이 내뿜는 산소는 바닷속 모든 동물이 숨 쉴 때 꼭 필요한 것이기도 해요.

식물 플랑크톤이 만들어내는 산소는 땅 위의 모든 식물이 만들어내는 것과 비슷한 양입니다. 그러니 식물 플랑크톤이 없다면 바닷속 동물뿐 아니라 땅 위의 동물도 살 수 없어요. 더구나 식물 플랑크톤은 지구에서 만들어진 이산화탄소를 50%나 흡수해요. 식물 플랑크톤이 없다면 지구는 이산화탄소로 뒤덮여 금세 후끈후끈해질 것입니다.

3. 플랑크톤이 사는 법

식물 플랑크톤은 수십만 또는 백만 가지나 된다고 합니다. 흔히 우리가 보는 동식물은 수많은 세포로 이뤄져 있지만, 식물 플랑크톤은 대부분 딱 하나의 세포로 이뤄져 있어요. 그중 제일 흔한 게 '돌말' 종류입니다. 돌말은 '규소'라는 단단한 성분으로 된 껍질로 둘러싸여 있어요.

제 몸을 두 쪽으로 나눠요

돌말은 덩치가 커지면 몸이 두 쪽으로 나뉘어요. 마치 건빵처럼 위쪽 껍데기와 아래쪽 껍데기가 떨어져 나가는 거예요. 떨어져 나간 껍데기는 제각각 하나의 돌말이 돼요. 이런 식으로 자꾸자꾸 숫자가 늘어납니다.

만약 물 온도가 알맞고, 햇볕이 적당하고, 물속에 영양분이 많으면 식물 플랑크톤의 숫자는 더 빠르게 늘어나요. 반대로 이런 조건이 좋지 않으면 플랑크톤 숫자는 줄어들어요. 땅 위 식물이 햇볕과 물, 양분을 먹고 자라는 것과 마찬가지입니다.

죽어서도 쓸모 있어요

돌말은 다른 말로 '규조류'라고도 해요. 규조류는 죽은 뒤에도 쓸모가 있어요. 오랜 세월 바닥에 쌓이고 쌓이면 훌륭한 도자기 재료가 되거든요.

또 다른 식물 플랑크톤도 죽은 뒤 물속에 가라앉아 오랜 세월 굳어지면 석유나 가스, 또는 시멘트 등의 원료로 쓸 수 있는 물질이 돼요. 최근에는 이런 물질로 갖가지 약품이나 건강 기능 식품, 바이오 연료까지 생산할 수 있다고 합니다.

여러 가지 규조류

동물 플랑크톤의 별별 모습, 별별 생활

식물 플랑크톤이 많아지면 그걸 먹고 사는 동물 플랑크톤도 자연히 늘어나요.

식물 플랑크톤은 햇빛을 좋아하기 때문에 주로 수면 가까운 곳에서 살지만, 동물 플랑크톤은 좀 더 깊은 곳까지도 내려가 삽니다. 어떤 종류는 낮엔 수면 가까운 곳에 올라와 지내다 밤엔 깊은 곳으로 들어가기도 하고요.

여러 가지 동물 플랑크톤

식물 플랑크톤보다는 적지만 동물 플랑크톤도 종류가 엄청나게 많아요. 섬모충, 편모충, 유공충 같은 종류는 식물 플랑크톤처럼 딱 하나의 세포로 이뤄져 있어요. 이들은 태어나서 죽을 때까지 물살에 둥둥 떠다니며 삽니다. 그래도 엄연히 동물이라 작은 털 같은 것을 까딱거리거나, 다리처럼 생긴 것을 움직여요.

동물 플랑크톤은 땅 위 동물처럼 암컷과 수컷이 따로 있어서 짝짓기를 하여 알을 낳기도 하고, 어떤 것은 제 몸을 둘로 나누어서 숫자를 늘리기도 합니다.

물고기의 알도 헤엄치지 못하고 물에 둥둥 떠다니기 때문에 플랑크톤에 속해요. 갓 깨어난 어린 물고기도 마찬가지입니다. 게나 새우, 조개 들은 새끼(유생) 때의 모습이 다 자랐을 때의 모습과 완전히 달라요. 꼭 외계인이나 곤충을 떠올리게 하는데, 이 역시 플랑크톤에 속해요. 고래나 물개 같은 포유류, 거북과 같은 파충류를 빼고 거의 모든 물속 동물이 한때는 플랑크톤 시절을 보내는 셈입니다.

플랑크톤이 죽으면 더 잘게 부서져 물속에 흩어지거나, 부슬부슬 하얗게 바다 밑바닥으로 가라앉아요. 그 모습이 꼭 하늘에서 눈이 내리는 것과 같아 '머린 스노(marine snow)'라고 한답니다.

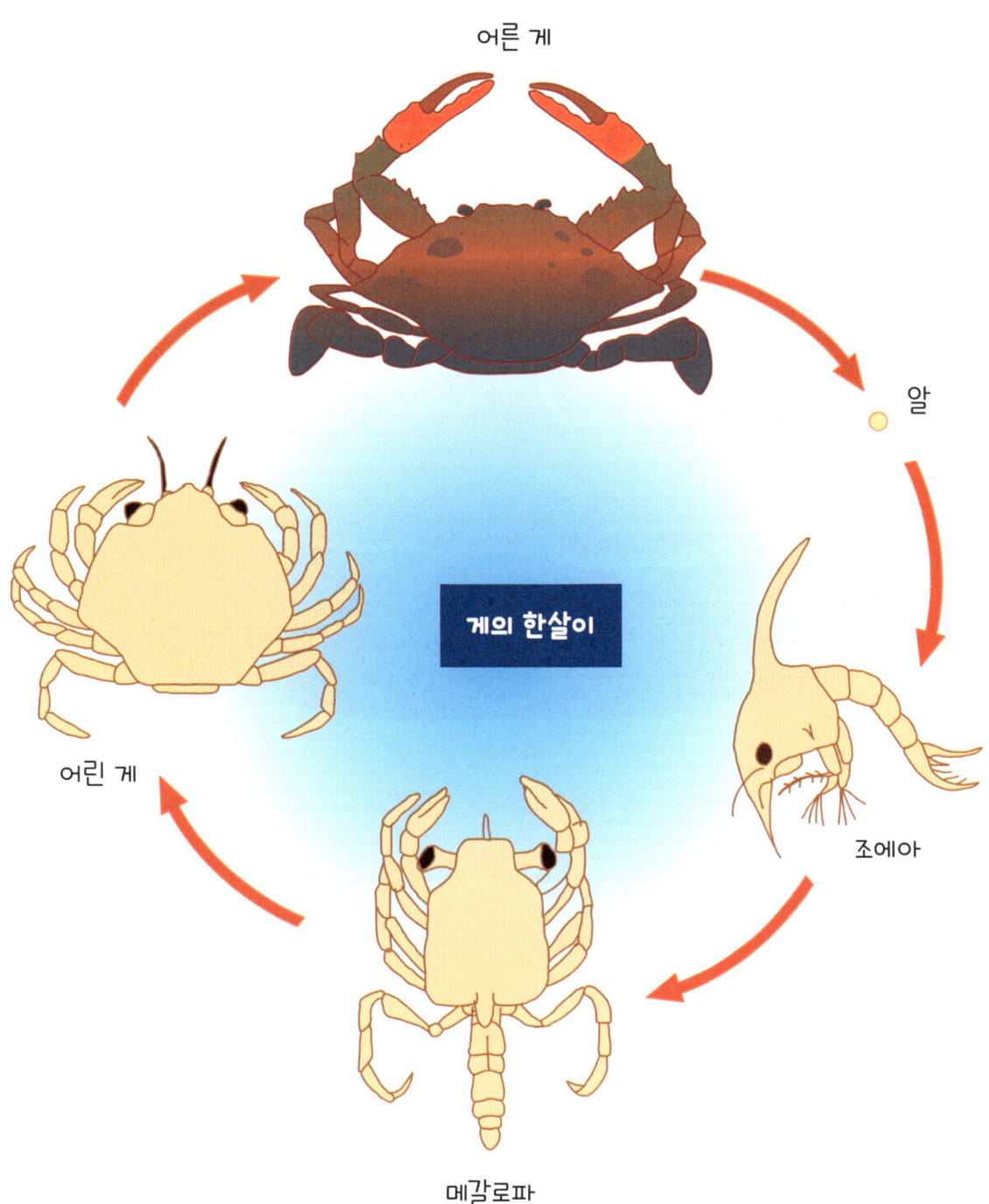

4. 신기하고 놀라운 작은 세상

알면 알수록 신기한 게 바로 플랑크톤 세상입니다. 외계인이나 유에프오를 떠올리게 하는 생김새도 기상천외하지만, 어떤 것은 반짝반짝 빛을 내기도 해요. '야광충'이라는 플랑크톤으로, 몸속에 인 성분이 있어서 바람이 많이 불거나 파도가 치면 별처럼 빛나지요. 밤바다에서 넘실거리는 파도와 함께 반짝이며 출렁거리는 모습은 더없이 아름다워요.

또 동물 플랑크톤 중에 어떤 것은 광합성을 하기도 하고, 식물 플랑크톤 중에 어떤 것은 다른 플랑크톤을 잡아먹기도 해요. 식물과 동물의 특성을

모두 갖춘 셈이지요.

  플랑크톤이 작고 가벼워 헤엄도 제대로 못 치고 움직이는 능력도 부족하다지만, 그건 어디까지나 사람들 생각일 뿐입니다. 어떤 플랑크톤은 다리를 까딱거려 헤엄치는데, 우리가 볼 땐 겨우 코딱지만큼 움직였을 뿐이지만 플랑크톤 입장에선 자동차보다 빠른 속도로 움직이는 것이거든요. 우리가 볼 땐 벼룩이 겨우 한 뼘쯤 뛰어오를 뿐이지만, 벼룩 입장에선 자기 키의 50배, 100배나 뛰어오르는 것과 같습니다.

5. 너무 많아도 곤란해!

식물 플랑크톤이 많아지면 동물 플랑크톤도 많아지고, 덕분에 물고기들도 먹을 게 넘쳐나서 엄청 신이 납니다. 하지만 식물 플랑크톤이 필요 이상으로 너무 많아지면 그것도 곤란한 일이에요.

식물 플랑크톤 중에 어떤 것은 살짝 붉은빛을 띠는데, 그게 갑작스럽게 확 늘어나면 바닷물이 온통 빨갛게 보일 정도가 돼요. 이걸 적조 현상이라고 합니다. 녹색 빛을 띠는 플랑크톤이 너무 많아지면 녹조 현상이라 하고요. 이런 현상이 일어나면 햇빛이 물속에 닿지 않아 물속 식물들이 자라지 못해요. 그러면 해초 따위를 먹고 사는 조개 종류가 줄어들지요.

적조 현상과 녹조 현상

식물 플랑크톤이 너무 많아지면 물이 걸쭉해서 물고기들은 숨조차 쉬기 어려워요. 붉은빛을 띠는 플랑크톤은 끈적한 성질이 있어서, 물고기가 숨 쉴 때 아가미에 달라붙어 숨통을 막거든요. 게다가 붉은 플랑크톤은 독성을 띠는 경우가 많아 물고기들이 떼죽음을 당하곤 해요. 또 이런 플랑크톤을 먹은 조개나 물고기를 사람이 먹으면 병에 걸리거나, 심하면 목숨을 잃을 수도 있습니다. 게다가 적조 현상을 일으킨 플랑크톤이 죽을 때는 많은 산소를 소모하기 때문에 물속 산소가 부족해져요. 물속의 모든 생물에 심각한 영향을 끼치는 셈이지요.

쓰레기 먹는 플랑크톤

한여름 장마철에 비가 많이 오면 땅 위의 영양분이 빗물을 따라 강과 바다로 흘러가요. 그러면 강과 바다엔 영양분이 넘쳐나서 식물 플랑크톤이 필요 이상으로 많아지는 것입니다.

우리가 쓰고 버린 생활 하수와 공장, 농장에서 나오는 폐수에도 영양분이 많이 녹아 있어요. 이런 물도 결국은 강을 따라 바다로 가요. 그렇기 때문에 적조 현상이나 녹조 현상을 줄이기 위해선 생활 하수와 폐수를 줄여야 합니다.

우리가 버린 오염 물질과 쓰레기 때문에 발생하는 미세 플라스틱은 또 다른 심각한 문제를 낳고 있어요. 동물 플랑크톤은 자기 몸보다 작은 미세 플라스틱을 먹이로 알고 꿀꺽 삼킵니다. 그러면 결국엔 물고기를 먹는 우리도 플라스틱을 삼키게 되는 셈이지요.

미세 플라스틱을 먹은 플랑크톤이 몸속에서 소화해 더 작은 초미세 플라스틱을 배설하는 것도 문제입니다. 실제로 미세 플라스틱이나 초미세 플라스틱은 물고기의 배 속은 물론 혈액과 세포 안에서도 발견되고 있답니다.

플랑크톤의 미래

전 세계 바다 어디에나 넘쳐나는 플랑크톤은 훌륭한 먹거리로도 주목받고 있어요.

클로렐라는 완두콩처럼 동글동글한 식물 플랑크톤입니다. 스피룰리나는 꼬불꼬불한 스프링처럼 생겼고요. 클로렐라나 스피룰리나는 이미 오래전부터 우리 몸에 아주 좋은 건강식품의 하나로 알려져 왔습니다. 영양이 풍부하고 노화를 방지하고 갖가지 병을 예방하는 효과까지 있다고 하지요. 지금도 여러 식품으로 개발되어 많은 사람이 먹고 있지만, 뒷날 세계 인구가 더 많아지고 식량이 부족해진다면 더 크게 주목받을 것입니다.

　우리가 흔히 '크릴새우'라고 부르는 것도 사실 새우가 아니라 '난바다곤쟁이'라고 하는 동물 플랑크톤의 일종이에요. 특히 남극이나 북극 바다에 많이 사는 크릴은 고래나 펭귄이 아주 좋아하는 먹이인데, 영양분이 풍부한 데다 갖가지 병을 예방하는 성분도 들어 있습니다. 다만, 맛이 없어 우리 식탁보다는 주로 물고기 미끼나 사료로 쓰이지요. 이 크릴 역시 인류를 먹여 살릴 미래 식량으로 개발하기 위해 세계 곳곳에서 한창 연구 중이랍니다.

균류 제2부

세균, 바이러스, 곰팡이, 버섯…
과연 동물일까요, 식물일까요?
스스로는 양분을 만들지 못하고
다른 생물에 달라붙어 살거나 번식하는 균류도
이 세상에 없어서는 안 될 중요한 존재예요.
작지만 무섭고, 때로는 맛있고, 알고 보면
너무나 고마운 균류에 대해 알아볼까요?

1. 세균이 궁금해

이 세상에 살아 숨 쉬는 모든 것을 생물이라고 해요. 알다시피 생물은 크게 동물과 식물로 나뉩니다. 그런데 너무 작아 우리 눈에 보이지도 않는 데다 동물인지 식물인지 아리송한 것들이 있어요. 세균, 바이러스, 곰팡이 같은 것들인데, 이들을 통틀어 '균류'라고 합니다.

균류는 비록 덩치는 작지만 동물, 식물보다 압도적으로 더 많고 지구 전

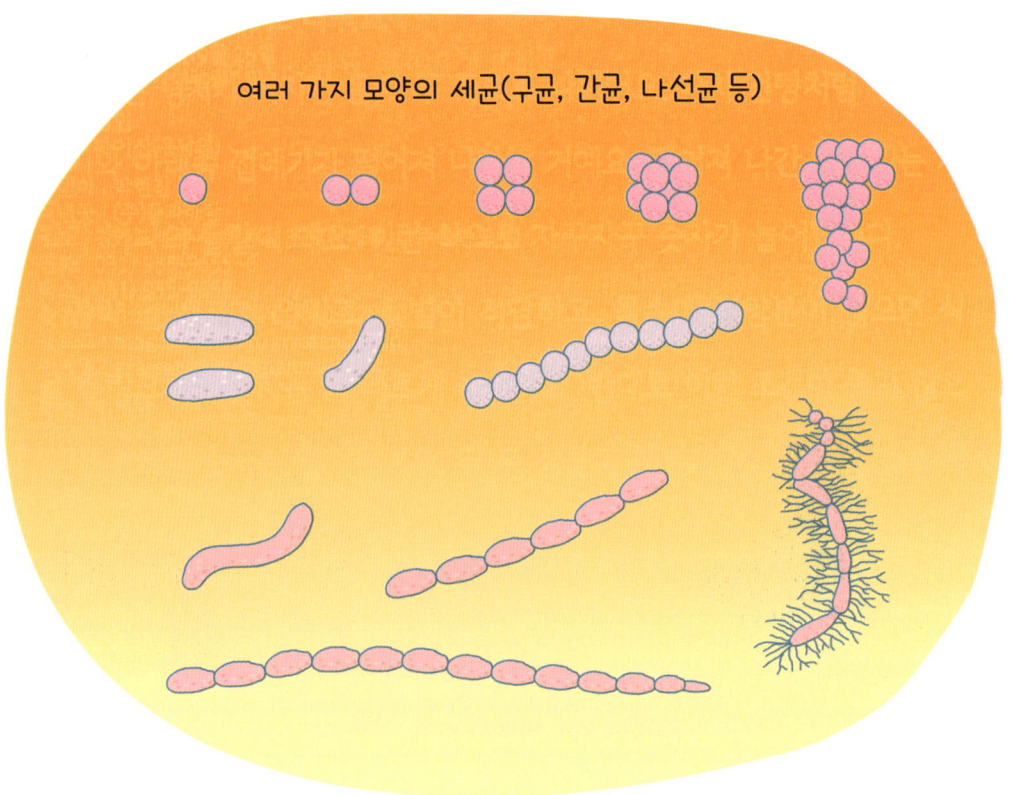

여러 가지 모양의 세균(구균, 간균, 나선균 등)

체에 끼치는 영향도 엄청나요. 그래서 어떤 학자들은 이 세상의 생물을 동물, 식물, 균류, 이렇게 세 가지로 나누기도 합니다.

보이지 않는 세균

세균은 그야말로 아주 미세한 균이에요. 대부분 단 하나의 세포로 이루어져 있으며 땅속, 물속을 가리지 않고 어디서나 왕성하게 살고 있어요. 적당한 습도와 온도가 갖춰져 있다면 겨우 한 숟가락의 흙이나 물에 수십억 마리가 넘게 바글거릴 정도입니다. 보통은 20~50℃에서 살지만 몹시 더운 곳이나 추운 곳에 사는 세균도 얼마든지 있지요. 눈에 보이지 않는 공기처럼 우리 주변 어디에나 세균이 있는 셈이에요.

세균이 하는 일

세균은 다른 말로 박테리아라고 해요. 어디서나 살면서 제 몸을 둘로 나누는 방식으로 금세 자손들을 퍼뜨려요. 어떤 세균은 10분마다 두 배씩 그 수가 쑥쑥 불어납니다.

세균은 어디에나 퍼져 살면서, 제 몸에 닿은 것들을 야금야금 썩게 해요. 특히 식물이나 동물이 죽으면 거기에 달라붙어 번식하면서 썩게 하는데, 이걸 다른 말로 '분해한다'고 해요. 세균뿐 아니라 대부분의 균류는 이런 일을 합니다.

우리 몸속의 세균

세균은 바로 우리 몸에도 살고 있어요. 피부에도 1천 가지, 장 속에도 1천 가지가 넘는 세균이 살고 있다지요. 콧속이나 겨드랑이, 입안에도 헤아릴 수 없이 많은 세균이 있고요. 한 사람 몸에 있는 세균을 다 합치면 적어도 100조 마리는 넘는다고 해요. 그중 어떤 것은 피부병이나 콜레라, 식중독을 일으키곤 합니다. 그렇다고 모든 세균이 우리 몸에 나쁜 건 아니에요. 유산균은 배 속에 살면서 소화를 돕고 변비를 예방하며, 다른 해로운 세균을 물리쳐 주기도 하거든요.

세균을 이기는 법

병을 일으키는 세균은 공기, 물, 음식 등을 통해 우리 몸으로 들어오고, 다른 사람에게도 쉽게 옮아갈 수 있습니다. 이런 병균들은 평소에는 별다른 활동을 하지 않다가 적당한 조건이 갖춰지면 활발해져요. 그러면 사람은 몸에 병이 나서 끙끙 앓게 되지요.

하지만 몸을 항상 깨끗하게 하고 울끈불끈 근육을 길러 두면 어느 정도 세균이 침입해도 끄떡없어요. 반대로 손발을 잘 안 씻거나, 편식하거나, 몸이 너무 약해서 면역력이 떨어지면 세균이 조금만 쳐들어와도 쉽게 병에 걸릴 수 있습니다.

2. 바이러스, 세상에서 가장 작은 생물

세균도 작지만 바이러스는 그보다 훨씬 더 작아서 전자 현미경이 아니면 볼 수 없어요. 크기는 1만 분의 1밀리미터에 불과하고, 모양은 공이나 막대처럼 아주 단순합니다. 평소엔 그저 단백질 덩어리에 지나지 않다가 다른 생물에 달라붙은 뒤에나 활동을 시작하지요. 그래서 학자들은 바이러스를 생물과 무생물의 중간쯤에 놓기도 해요.

병을 옮기는 바이러스

바이러스는 동물이나 식물의 세포는 물론 세균 속으로도 파고들어, 그 안에다 자손들을 마구 퍼뜨려요. 이것을 '감염'이라고 해요. 바이러스에 감염된 동물, 식물, 세균 들은 시름시름 앓다가 증세가 심해지면 죽을 수도 있습니다. 이처럼 대부분의 바이러스는 병을 옮게 해요. 세상에서 제일 작지만 결코 얕잡아 볼 수 없는 생물이지요.

바이러스의 종류

바이러스는 수백 가지에 이르는데 종류마다 대개는 동물들 사이로만, 식물들 사이로만, 또는 세균들 사이로만 옮겨 다녀요. 예를 들어 구제역 바이러스는 소, 돼지처럼 발굽이 둘로 갈라진 동물들 사이로만 옮겨 다니고, 조류 인플루엔자는 새들 사이로만 옮겨 다니고, 식물 바이러스는 같은 작물들 사이에서만 감염돼요.

사람에게 피해를 주는 바이러스도 여럿입니다. 인플루엔자 바이러스, 홍역 바이러스, 천연두 바이러스, 광견병 바이러스, 뇌염 바이러스 등등. 그중 인플루엔자 바이러스는 감기를 일으키는 원인이 돼요. 약 100년 전에 유행했던 스페인 독감은 2년 동안 유럽 전역으로 퍼지면서 수천만 명의 목숨을 앗아가기도 했습니다.

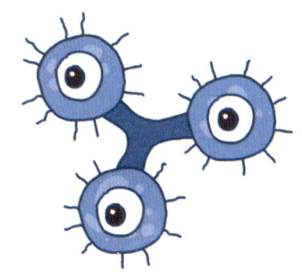

고마운 세균과 바이러스

 이처럼 세균이나 바이러스는 우리 처지에서 볼 때 무섭기 짝이 없지만, 지구에 없어서는 안 될 중요한 생물입니다. 죽은 동물과 식물을 분해하여 자연으로 돌아가게 하니까요. 아마 세균이나 바이러스가 없다면 지구는 온통 죽은 동물과 식물로 뒤덮일 거예요.

 더구나, 땅속으로 스며든 동물과 식물의 사체는 또 다른 동식물이 자라는 데 필요한 양분이 돼요. 그러니 세균과 박테리아는 결과적으로 우리를 먹여 살리는 셈이에요. 또한 세균과 바이러스는 우리가 버린 온갖 쓰레기와 생활 하수, 공장과 농장에서 나오는 더러운 물도 분해하여 맑고 깨끗하게 해 주는 존재랍니다.

3. 곰팡이와 버섯

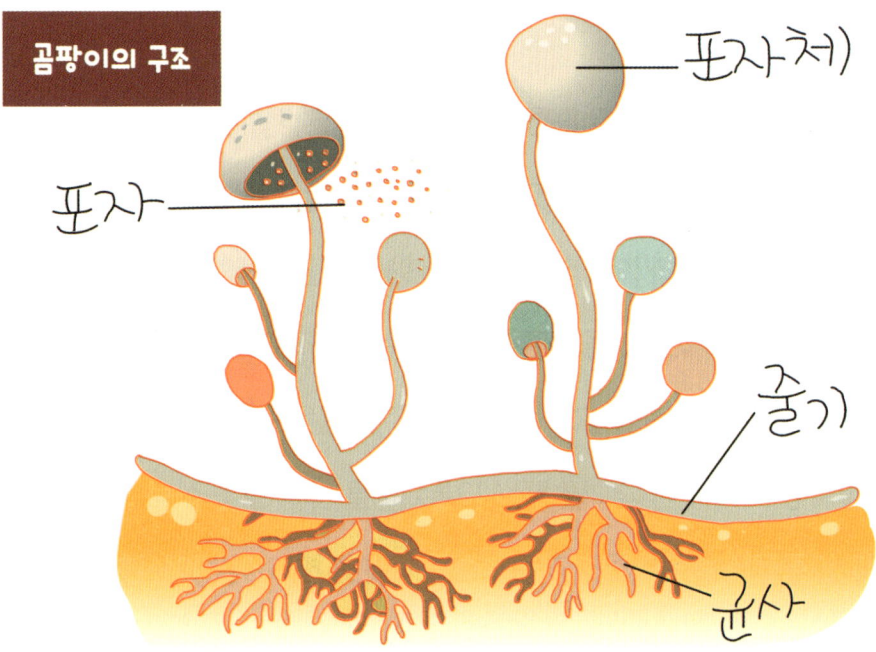

먹다 남은 빵을 오래 두면 군데군데 곰팡이가 피는 걸 볼 수 있어요. 방 안의 축축한 벽이나 옷장 속에서도 종종 곰팡이를 볼 수 있고요. 이런 곰팡이도 균류에 속합니다. 좁은 의미에서 '균류'라고 하면 앞에 나왔던 세균과 바이러스를 빼놓고 곰팡이와 버섯만을 일컫기도 해요.

곰팡이와 버섯도 스스로 양분을 만들지 못해요. 동물이나 식물 또는 썩고 있는 다른 물질에서 양분을 얻어 살아가요. 언뜻 보면 식물처럼 보이지만, 유전자를 조사해 보면 도리어 동물에 가깝다고 해요. 그래서 학자들은 곰팡이를 세균과 동물의 중간쯤에 속한다고 말해요.

병 주고 약 주는 곰팡이

곰팡이 역시 세균처럼 너무 작아서 우리 눈으로는 볼 수 없어요. 빵에 잔뜩 피어난 곰팡이는 아주 많이 번식해서 큰 무리를 이루어 우리 눈에 보일 정도가 된 것입니다.

곰팡이 하나하나를 현미경으로 살펴보면 실처럼 길고 가늘어요. 곰팡이 종류마다 알록달록 다양한 색깔을 띠고, 퍼져 있는 모양도 제각각입니다. 이런 실 모양의 몸체를 '균사'라고 하는데, 세균처럼 다른 생물에 달라붙어 물과 양분을 먹으며 자라나요. 그리고 균사 끝에 있는 씨앗 주머니에서 포자를 퍼뜨려 빠른 속도로 번식합니다.

곰팡이는 따뜻하고 습도가 높고 공기가 많을수록 잘 자랍니다. 그래서 여름에는 죽은 동식물이 금세 푹푹 썩고 음식도 잘 상해요. 이렇게 곰팡이가 음식을 분해하는 동안 우리에게 해로운 물질이 만들어져 지독한 냄새가 나요. 이런 걸 먹으면 당연히 배탈이 나겠지요.

세균과 마찬가지로 곰팡이 역시 우리에게 갖가지 병을 옮겨요. 무좀이나 버짐 같은 것도 곰팡이 때문에 생기는 병입니다. 사람 몸속에 생기는 곰팡이들은 종종 커다란 덩어리로 변해 백혈병이나 빈혈 등을 일으켜요. 물론 다른 동물, 식물에 달라붙은 곰팡이도 그 생물을 병들게 하지요. 하지만 어떤 곰팡이는 우리에게 큰 도움을 주기도 해요. 예를 들어 푸른곰팡이의 성분은 병을 고치는 중요한 약품으로 쓰인답니다.

부패와 발효

어떤 곰팡이는 기막힌 요리 솜씨를 갖고 있어요. 바로 된장이나 청국장을 만드는 곰팡이들이지요. 치즈, 햄, 포도주, 묵은 김치처럼 여러 날 숙성하여 만드는 음식들은 다 곰팡이들의 재주가 필요합니다.

곰팡이가 분해하면서 우리 몸에 나쁜 물질이 만들어지면 '부패'라고 하고, 좋은 물질이 만들어지면 '발효'라고 해요. 음식을 맛나게 하는 곰팡이들은 발효시키는 재주를 가진 거예요.

하지만 발효가 아무 때나 이뤄지는 건 아닙니다. 콩을 삶아서 그대로 두면 부패 곰팡이가 생겨나 썩고 말아요. 하지만 메주를 만들어서 적당한 환경에서 말려 주면, 발효 솜씨를 가진 누룩곰팡이가 자라서 맛 좋은 된장의 재료가 되는 것입니다.

여러 가지 발효 음식(된장, 청국장, 치즈, 햄, 술 등)

커다란 곰팡이, 버섯

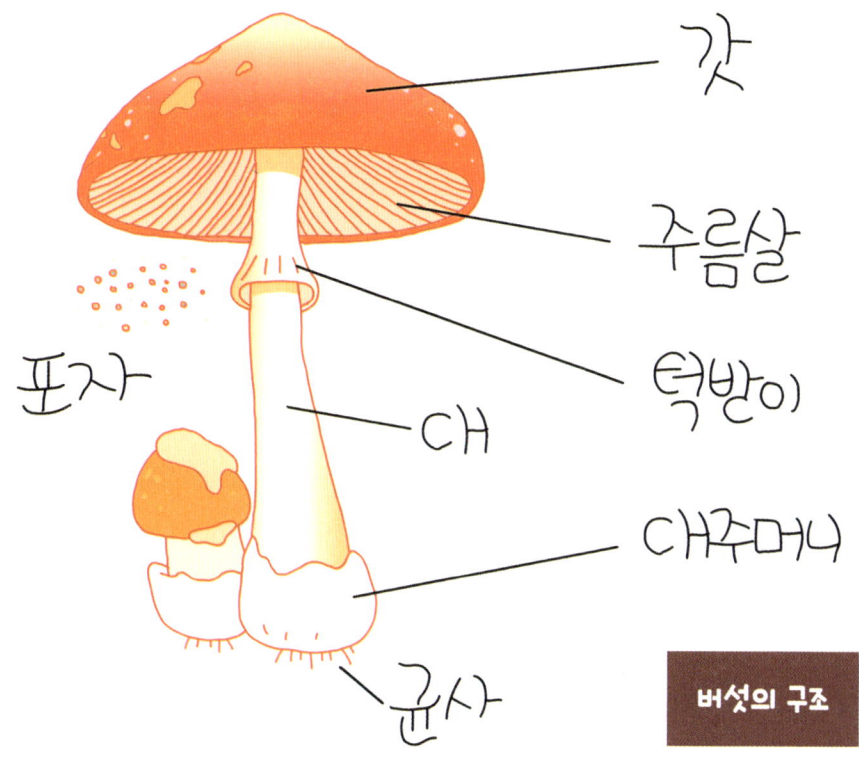

버섯의 구조

버섯은 언뜻 보면 식물 같지만 잎, 줄기, 뿌리가 따로 없어요. 곰팡이와 마찬가지로 실 모양의 균사로 되어 있지요. 다만 몸집이 워낙 큰 데다 꼿꼿하게 자리 잡고 서 있기 때문에 식물처럼 보일 뿐입니다. 일종의 고등 곰팡이, 또는 커다란 곰팡이 덩어리라고도 할 수 있겠지요.

버섯 역시 곰팡이처럼 따뜻하고 습한 걸 좋아해요. 봄부터 가을에 걸쳐 나무 밑이나 낙엽 아래의 그늘진 곳에서 잘 돋아나요. 포자 속의 씨에서 균사가 나와 나무뿌리나 줄기에 달라붙어 양분을 먹으며 자라나지요.

약이 되는 버섯, 독이 되는 버섯

　느타리버섯, 표고버섯, 팽이버섯 등은 누구나 먹어 봤을 거예요. 이런 버섯은 우리 식탁에 맛 좋은 음식으로 자주 올라와요. 송이버섯, 석이버섯 등은 꽤 고급스러운 음식 재료가 되고 능이, 영지버섯 등은 귀한 약으로 쓰이기도 합니다.

　하지만 500가지 넘는 버섯 중 우리가 먹을 수 있는 건 80가지 정도예요. 나머지는 모두 독버섯인데, 이름도 모양도 아주 특이해요. 광대버섯, 무당버섯, 미치광이버섯, 무당버섯……. 이런 독버섯들은 색깔이 또렷하고 예쁜 것이 많은데, 무턱대고 먹었다간 몸이 아프거나 정신이 이상해지거나 목숨을 잃을 수도 있답니다.

쉴 새 없이 일하는 지구의 청소부

　세균과 바이러스, 곰팡이와 버섯. 지금까지 살펴본 모든 균류는 조건만 알맞으면 어디든지 살아요. 또 스스로 양분을 만들지는 못하지만 다른 생물에 달라붙어 양분을 빼앗아 먹고 빠른 속도로 번식해요. 이런 과정에서 생물은 푹푹 썩고 잘게 잘게 분해돼요. 한 마디로 균류는 자연계에서 '분해자' 역할을 맡고 있는 것입니다. 우리 눈에 보이지 않는 분해자들이 쉴 새 없이 지구를 청소하는 셈이지요.

　그중에서도 곰팡이는 종이나 헝겊, 비닐, 플라스틱, 심지어 알루미늄을 먹고 살기도 해요. 가까운 우리 주변은 물론 먼 바다까지 플라스틱 쓰레기로 골치를 앓는 오늘날, 곰팡이 같은 분해자들의 역할은 더욱 주목받고 있어요.

꿀벌 제3부

작은 덩치로 온종일 바삐 일하는 꿀벌.
꽃과 꽃 사이를 날아다니며
열심히 단물과 꽃가루를 모으고,
그걸 이용해 세상에서 가장 달콤한 꿀을 만들지요.
또 한 가지 빼놓을 수 없는 벌꿀의 중요한 임무!
우리가 좋아하는 온갖 채소와 과일 등의
먹거리까지 책임지고 있답니다.

1. 꿀벌이 궁금해

　세상엔 엄청나게 많은 곤충이 살고 있어요. 지구의 곤충을 모두 모아 몸무게를 재면 사람 전체가 모인 것보다 훨씬 더 무거울 정도예요.

　곤충은 종류도 아주 많습니다. 지구상에는 무려 300만 가지의 곤충이 웽웽웽 붕붕붕 날아다니거나 꼼지락거리며 살고 있답니다. 그중에서도 벌은 가장 큰 무리를 이루고 있어요. 겨우 1밀리미터밖에 안 되는 좀벌에서 어른 손가락만 한 대모벌까지, 약 10만 가지가 넘는 벌들이 남극을 제외한 전 세계에 퍼져 살고 있지요.

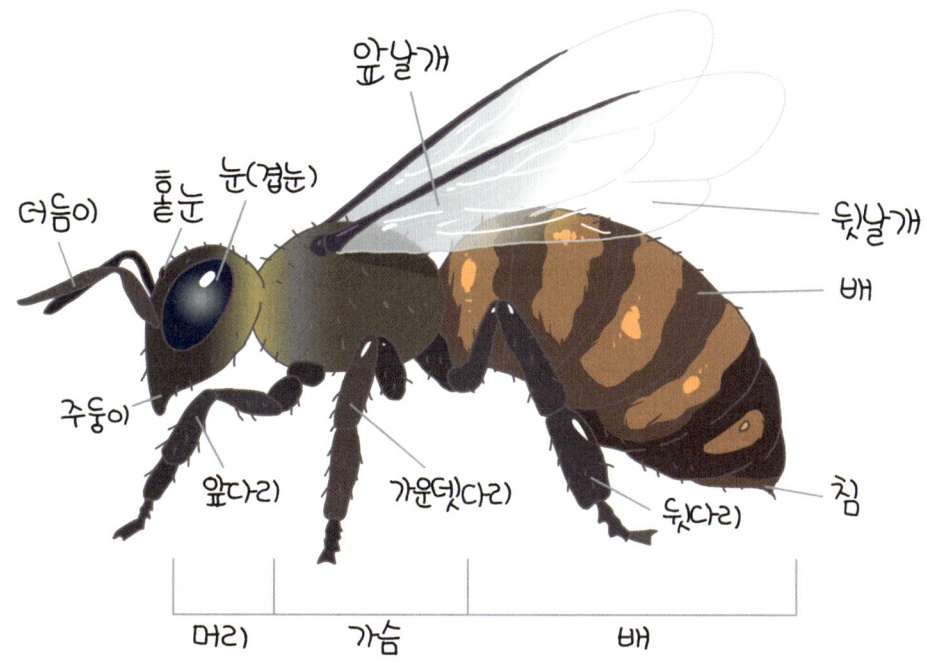

벌의 생김새

다른 곤충들처럼 벌의 몸은 크게 머리, 가슴, 배의 세 부분으로 되어 있어요.

머리에 삐죽 솟은 더듬이에선 페로몬이라는 물질이 나와요. 벌들은 서로 더듬이를 맞대거나 문질러서 페로몬을 주고받으며 정보를 교환해요. 눈은 깨알보다 작은 눈이 많이 모여 있는 커다란 겹눈 2개와 겹눈 사이에 있는 홑눈 3개로 되어 있습니다.

다리는 3쌍이 있는데, 꿀벌의 뒷다리엔 꽃가루 바구니(주머니)가 달려 있어요. 통통한 배의 맨 아래쪽 꽁무니에는 뾰족한 독침이 있어서 적을 공격할 때 쓰입니다.

여러 가지 벌

벌이라고 해서 모두 꿀을 만드는 건 아닙니다. 덩치 큰 말벌 종류는 다른 벌이나 곤충을 사냥해요. 좀벌 종류는 남의 몸에 기생하여 살기도 하고요. 꽃등에는 꼭 벌처럼 생겼지만 전혀 다른 종이에요. 천적을 피하려고 독이 있는 벌을 흉내 내는 것뿐이지요.

꿀벌은 꽃 속의 단물을 쪽쪽 빨아들인 다음 꿀을 만들어요. 벌집 안의 꿀 방에 차곡차곡 넣어 두었다가 필요할 때마다 꺼내어 모두가 함께 나눠 먹지요.

온종일 바쁜 꿀벌의 사회

벌은 사회성이 좋기로 유명합니다. '사회성' 하면 또 하나 빼놓을 수 없는 게 바로 개미인데, 벌과 개미는 둘 다 '벌목'에 속해요.

꿀벌은 벌집에 사이좋게 모여 살아요. 하나의 벌집 안엔 수천 마리, 수만 마리가 와글거리는데 벌들의 숫자는 그때그때 줄어들거나 늘어납니다. 보통은 2만~3만 마리, 많을 때는 5만 마리가 넘기도 해요. 이 많은 벌들은 각자 맡은 역할이 있어서, 누구 하나 빼놓지 않고 열심히 자기 일을 하며 삽니다.

여왕벌은 말 그대로 벌집 안의 왕이에요. 일벌이든 수벌이든 모두 이 여왕벌이 낳은 알에서 나오니까, 여왕벌은 이 많은 식구의 어미이기도 해요. 여왕벌은 3~5년 동안 살면서 날마다 알을 쑥쑥 낳아요. 많을 때는 하루에 낳는 알이 2천 개도 넘어요. 여왕벌은 수많은 일벌과 수벌을 한 치도 빈틈없이 다스립니다.

벌집 안에서 그 수가 가장 많은 일벌은 평생 일만 해요. 자그만 덩치로 부지런히 벌집 안팎을 청소하고, 애벌레를 돌보고, 집을 지키고, 먹이를 모으거나 만들어내지요. 일벌은 여름에는 할 일이 엄청 많고, 날이 추워지면 할 일이 확 줄어요. 그래서 한여름에 태어난 일벌은 20~50일 정도밖에 못 살고, 가을이 다 되어 태어난 일벌은 여왕벌과 함께 겨울을 납니다.

짝짓기만 신경 쓰는 수벌

수벌은 일벌보다 크기가 조금 커요. 수벌이 하는 일은 여왕벌과 짝짓기를 하는 것뿐입니다. 평소엔 벌집 안에 일손이 부족해도 늘 빈둥거리기만 해요. 그러다 때가 되면 다른 벌집의 여왕벌, 수벌 들과 함께 혼인 비행을 하는데, 짝짓기에 성공한 수벌은 기운이 쪽 빠져서 그대로 숨을 거두어요. 짝짓기에 실패한 수벌은 다시 벌집 안으로 돌아오지만 겨울이 되면 더는 할 일이 없어져요. 그러면 일벌들이 벌집 밖으로 몰아내어 결국은 쫄쫄 굶거나 벌벌 떨다가 죽고 맙니다.

2. 벌집 안이 궁금해

벌집 안에는 엄청나게 많은 방이 다닥다닥 붙어 있는데 모두 육각형 모양이에요. 이렇게 촘촘하고 견고하게 집을 짓는 것도 일벌이 하는 일입니

다. 태어난 지 일주일쯤 된 일벌의 몸에서는 밀랍(말랑말랑하고 옅은 노란색 물질)이 나오는데, 그걸 조물조물 반죽해서 칸칸의 방을 만드는 거예요. 이렇게 방이 만들어지면 여왕벌이 방마다 알을 낳지요.

벌집이 육각형인 까닭

방을 동그랗게 만들면 방과 방 사이에 빈틈이 생겨요. 또 네모난 모양으로 만들면 애벌레가 움직이기 불편할 뿐 아니라 쉽게 부서질 수도 있어요. 꿀벌이 만드는 육각형의 벌집 모양은 공간을 최대한 넓게 쓸 수 있는데다 견고하기도 해서 사람들이 갖가지 물건을 만들 때 따라 할 정도예요. 비행기나 우주선의 벽체는 물론 자동차 범퍼, 골판지, 침대, 그물, 축구공 등에도 이런 벌집 구조가 쓰이고 있답니다.

방들의 주인

벌집 안의 방은 위치마다 주인이 정해져 있어요. 벌집의 한가운데는 여왕벌이 낳은 알들이 자라는 방들이 있어요. 그 바깥쪽에는 꽃가루 방, 또 그 바깥쪽에는 벌꿀 방이 있지요. 제일 가장자리에는 수벌들이 태어나는 방이 있고, 아래쪽에는 여왕벌이 태어나는 방(왕대)이 있습니다.

3. 꿀벌의 한살이

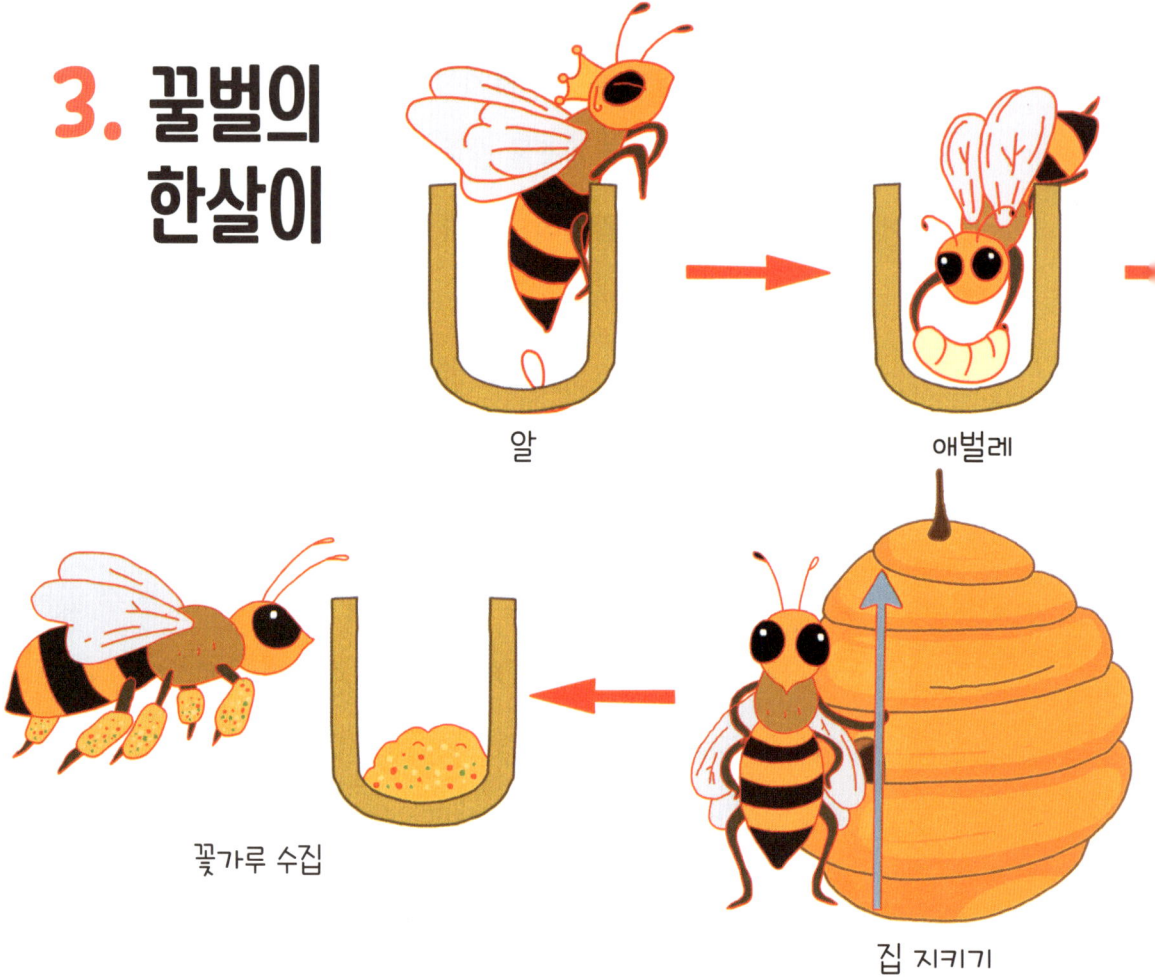

한여름 여왕벌이 낳은 알은 3일 만에 깨어나 애벌레가 돼요. 이때는 여왕벌이나 일벌이나 똑같은 모습입니다. 그런데 애벌레로 지내는 6일 동안 줄곧 로열 젤리를 받아먹은 것은 여왕벌이 되고, 3일만 로열 젤리를 먹고 그다음 3일 동안 꽃가루와 꿀을 받아먹은 것은 일벌이 돼요. 사람들도 최고의 건강식품 중 하나로 꼽는 로열 젤리는 애벌레 돌보기를 맡은 일벌들의 몸에서 나오는 끈적하고 하얀 물질입니다.

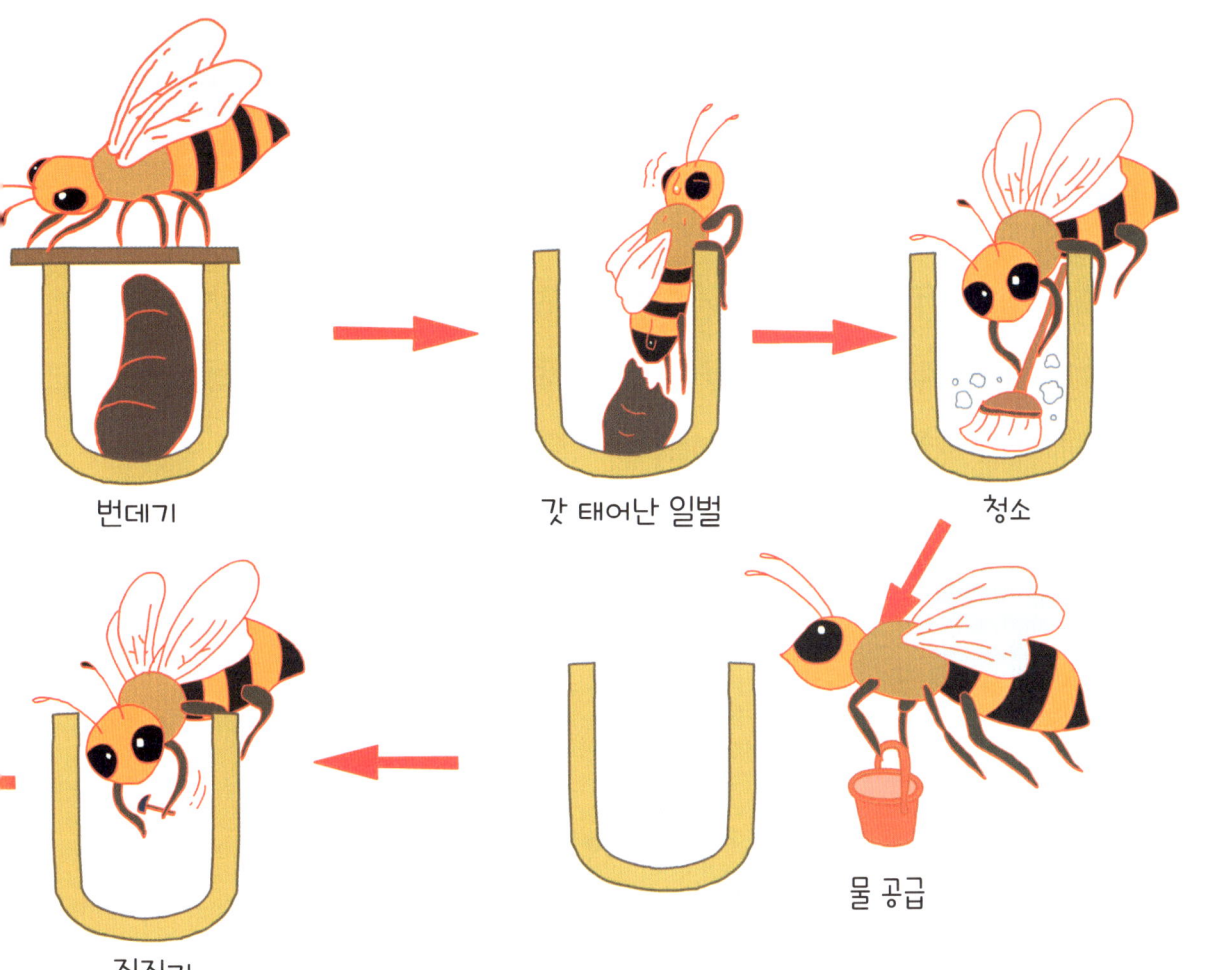

알에서 어린 벌이 되기까지

애벌레는 6일이 지나면 방문을 닫고 스스로 실을 자아내서 제 몸을 둘둘 감싸요. 이렇게 해서 번데기가 되는데, 여왕벌은 7일, 일벌은 12일, 수벌은 15일 동안 번데기 상태로 잠을 자요. 그러다 마침내 허물을 벗고 어엿한 벌이 되지요.

고치에서 나온 일벌은 자기 방을 구석구석 말끔하게 청소한 뒤 바깥으로 나와요. 그래야 그 방에 다음 손님(알)이 들어올 수 있으니까요.

어린 벌이 하는 일

자기 방에서 나온 일벌은 깨어난 뒤 며칠 동안 집 안 곳곳을 돌아다니며 청소해요. 크고 작은 부스러기나 죽은 애벌레 등을 벌집 밖으로 밀어내 버리지요. 그 뒤엔 또 며칠 동안 자기 동생인 애벌레들을 정성껏 돌봅니다. 제 몸에서 나오는 로열 젤리를 먹이기도 하고요.

며칠이 더 지나면 집 안팎을 들락거리는 일벌들로부터 꽃의 단물과 꽃가루를 전달받아 꿀로 만들어서 꿀 방에 저장합니다.

어른 벌은 너무 바빠

 번데기에서 나온 지 3주쯤 되면 일벌은 비로소 어른이 됩니다. 이때부터는 바깥으로 나가서 꽃의 단물과 꽃가루를 모아서 가져와요. 한 번 출동했다 하면 수백 송이 꽃을 헤집고 다니며 부지런히 실어 나르지요.
 한편으로는 벌집 안의 모든 벌이 힘을 모아서 집 안의 온도와 습도를 맞추기 위해 노력해요. 만약 너무 덥거나 습도가 높을 때는 날갯짓을 많이 해서 시원하게 하거나 보송보송한 환경을 만들어요. 그래야만 알과 번데기들이 잘 자랄 테니까요. 또 추울 때는 한곳에 똘똘 뭉쳐 지내는데, 바깥쪽은 추우니까 서로서로 위치를 바꿔가며 온도를 유지합니다.

4. 꿀맛 나는 꿀의 비밀

꿀벌이 만드는 꿀은 어디까지나 벌들의 먹이예요. 일벌 한 마리가 40~50일 동안 살면서 평생 모으는 꿀은 겨우 5그램 정도입니다. 수만 마리 마리가 함께 모으니 그 양이 꽤 되지요.

꿀벌은 갖가지 풀과 나무의 꽃에서 단물을 모아 집으로 가져와요. 벌집 안에는 단물만 따로 모으는 방들이 있는데, 그 안에 차곡차곡 채우는 거예요. 그러고는 여러 벌이 왔다 갔다 하며 날갯짓해서 수분을 증발시킨 다음, 그걸 삼켰다 뱉었다 하면서 농축하면 마침내 꿀이 되는 것입니다. 참고로, 우리가 먹는 꿀 1킬로그램은 꿀벌들이 무려 560만 송이 꽃을 돌아다니며 열심히 단물을 모은 결과라고 해요.

꿀은 아주 달콤해서 호시탐탐 노리는 동물들이 많아요. 곰은 긴 발톱으로 벌집을 통째로 부수어 꿀을 빨아 먹습니다. 벌들이 떼로 달려들어 따끔따끔 독침을 쏘아도 두꺼운 털옷 덕분에 끄떡없어요. 여우나 오소리도 꿀벌 집을 보면 침을 꼴깍꼴깍 삼켜요. 특히 침팬지는 기다란 막대로 벌집 안을 쑤셔서 꿀을 묻힌 다음 쪽쪽쪽 맛나게 핥아 먹지요.

사람들도 아주 오래전부터 달콤한 꿀맛을 알고 벌집에서 꿀을 채취했어요. 꿀로 술을 만들어 마시기도 하고, 약이나 화장품의 재료로도 사용했어요. 물론 그냥 먹기도 하고, 훌륭한 음식의 재료로도 사용하고 있어요. 지금은 농장에서 일부러 벌을 키워 꿀을 얻지요. 이걸 '양봉'이라고 합니다.

꿀벌은 최고의 농부

꿀벌은 지구에서 가장 일 잘하는 농부이기도 합니다. 온갖 채소와 과일이 열매를 맺을 수 있게 도와주거든요.

동물마다 암컷, 수컷이 따로 있는 것처럼 식물의 꽃에는 암술과 수술이 있어요. 수술에 있는 꽃가루가 암술에 옮겨 붙으면 열매를 맺고 씨앗이 생겨나는데, 이걸 가루받이(수분)라고 해요. 식물은 스스로 움직일 수 없기 때문에 바람이나 새, 곤충의 힘을 빌려 가루받이를 해요.

벌은 식물의 가루받이를 가장 많이 돕는 곤충입니다. 단물을 모으려고 이 꽃에서 저 꽃으로 바쁘게 왔다 갔다 하는 동안 벌은 저도 모르게 몸에 꽃가루를 묻혀서 가루받이를 해 주는 거예요. 고추, 가지, 호박 등의 채소뿐 아니라 사과, 딸기, 복숭아, 배, 귤 등 대부분의 과일들도 벌이 없으면 열매를 맺기 어려워요. 그러니 우리 식탁에 오르는 채소와 과일의 반 이상은 꿀벌 덕분이라 해도 지나친 말이 아닐 겁니다.

5. 꿀벌의 위기

한때 미국의 농촌에선 한바탕 난리가 일어났어요(2006~2008년). 꿀벌이 있어야 농작물들이 가루받이를 해서 열매를 맺을 텐데, 눈을 씻고 찾아봐도 벌들이 보이질 않는 거예요. 벌집들을 살펴보니 통째로 텅텅 비어 있었고요. 이런 현상을 '벌집군집붕괴현상'이라고 합니다. 단물과 꽃가루를 모으러 나간 벌들이 집으로 돌아오지 않아서 여왕벌과 애벌레들까지 모두 죽고 마는 것이죠.

꿀벌이 사라져요

곳곳에서 농부들이 농사를 망쳐 울상을 지었지만, 딱히 손을 쓸 도리가 없었어요. 사람이 일일이 가루받이를 할 수도 없는 노릇이었고요.

이런 현상은 아직도 종종 일어나고 전 세계에 점점 널리 퍼지고 있어요. 하지만 아직도 그 까닭은 명확하게 밝혀지지 않고 있어요. 과학자들은 농약이나 전자파, 공기 오염, 지구 온난화, 서식지 파괴 등 여러 가지 문제 때문이라고 짐작할 뿐입니다.

전염병에 걸려요

우리나라에서도 해마다 벌들이 크게 줄어들어 농부들 걱정이 늘고 있어요. 애벌레에 옮겨지는 전염병 때문에 번데기가 되지 못하고 죽는 경우도 많아요. 이걸 '낭충봉아부패병'이라고 해요. 심할 때는 10곳 중 9곳의 벌집에 이 병이 퍼져서, 이러다간 토종벌이 모두 씨가 마를 것이라는 이야기가 나오고 있습니다.

인류도 위기에 빠져요

벌들이 사라지면 우리가 먹는 채소와 과일도 사라질지 몰라요. 생태계에도 좋지 않은 영향이 미칠 수 있고요. 상대성 원리로 유명한 아인슈타인은 이미 오래전에 이렇게 경고한 적이 있습니다.

"꿀벌이 지구에서 사라지면 우리 인간도 4년 안에 사라지고 말 것이다."

하지만 오늘날 과학자들은 벌들이 사라지기 전에 먼저 인류가 사라질지 모른다고 걱정해요. 벌이 사라지는 것은 어쨌든 지구가 큰 위기에 빠졌기 때문이니까요.

박쥐

제4부

이쪽 편에 붙었다 저쪽 편에 붙었다,
왔다 갔다 하는 사람을 '박쥐 같다'고 해요.
박쥐는 으슥한 곳에 숨어 사는 데다
생김새도 비호감이라 별로 좋아하는 이도 없지요.
하지만 알고 보면 참 많은 매력을 갖고 있답니다.
쥐도 새도 부러워할 박쥐만의 매력을 찾아볼까요?

1. 박쥐가 궁금해

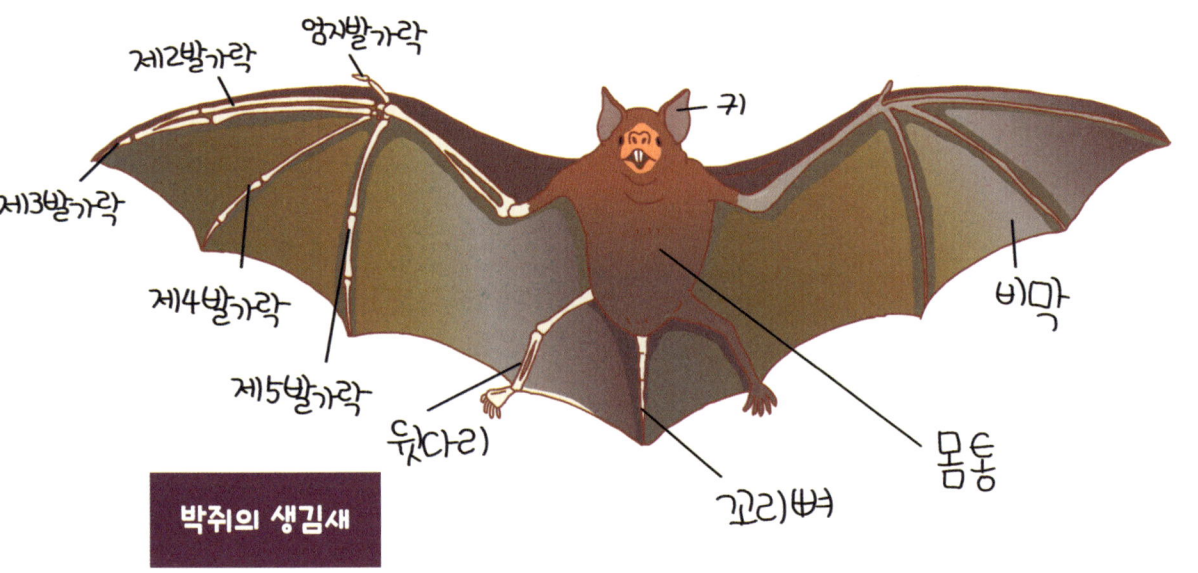

박쥐의 생김새

박쥐는 날짐승일까요, 길짐승일까요? 이름이 생쥐, 집쥐, 다람쥐처럼 '쥐'로 끝나니까 쥐의 한 종류 같고, 펄펄 날아다니니까 새 같기도 해요. 하지만 박쥐는 쥐도 새도 아니고 도리어 사람과 더 가까워요. 어디까지나 새끼를 낳고 젖을 먹여 키우는 포유류에 속하지요.

박쥐는 포유류 중에선 유일하게 하늘을 나는 동물입니다. 날다람쥐나 하늘다람쥐도 나무 사이로 풀쩍풀쩍 날긴 하지만, 스스로 날갯짓해서 날아오르지는 못해요. 게다가 이들은 쥐와 같은 설치류에 속해요. 설치류는 송곳니가 없고, 앞니가 계속 자라는 동물입니다.

박쥐는 어둡고 축축한 곳에 숨어 사는 데다 얼굴도 꼭 도깨비처럼 험상궂게 생겼어요. 어떤 종류는 동물의 피를 빨아 먹고 살기도 해요. 사람이나 가축에게 광견병을 비롯해 갖가지 전염병을 옮기기도 하고요.

그 때문인지 예로부터 서양에선 마녀가 박쥐로 변신한다고 생각했고, 드라큘라처럼 무서운 괴물에 빗대기도 했어요. 하지만 중국이나 우리나라에선 박쥐가 복을 가져다준다고 생각하여 갖가지 그림이나 가구, 공예품의 장식 등에 문양으로 많이 사용했답니다.

2. 신통방통 재주꾼

　박쥐는 깜깜한 동굴 속에서 살아요. 하지만 나무 구멍 속이나 바위틈, 외딴집의 처마 밑이나 지붕 등 편안한 잠자리가 있다면 어디든지 살 수 있어요. 낮엔 어둡고 조용한 데서 거꾸로 매달린 채 쿨쿨 잠을 자다가, 날이 어둑어둑해지면 활동을 시작합니다.

　이처럼 야행성이기 때문에 박쥐는 알록달록한 색깔을 구분하지 못하는 색맹입니다. 몸 빛깔은 대체로 칙칙한 회색이나 갈색을 띠고 있고요. 그래도 박쥐에겐 다른 동물들이 부러워할 만한 놀라운 능력과 재주가 있답니다.

박쥐 날개의 비밀

박쥐의 날개는 새의 날개와는 매우 다릅니다. 새의 날개에는 깃털이 나 있고, 비행기 날개처럼 위쪽이 조금 불룩하고 아래쪽은 평평해요. 또 몸속의 뼈는 벌집처럼 속이 비어 있고요.

그와 달리 박쥐 날개는 도톰한 비닐이나 고무막 같아요. 앞발의 발가락 사이사이에 피부가 쭉쭉 늘어나서 얇게 펴진 꼴인데, 이걸 '비막'이라고 해요. 앞다리와 뒷다리 사이, 뒷다리와 꼬리 사이에도 비막이 있어서 꼭 작은 쥐가 망토를 두른 것처럼 보이지요. 박쥐는 이런 날개로 여느 새 못지않게 잘 날아다녀요. 공중에서 마음대로 휙휙 방향을 바꿀 수도 있고요.

새들과는 조금 다른 방식으로 하늘을 나는 박쥐는 사람들에게 좋은 힌트가 되고 있습니다. 현재 대부분의 드론(소형 무인기)은 헬리콥터처럼 빠르게 회전하는 프로펠러를 이용해 날아요. 이 때문에 종종 사람이 다치는 경우가 생겨요. 하지만 박쥐 날개를 본떠 만든 배트봇은 프로펠러가 없어서 훨씬 더 안전하고 가볍고 시끄러운 소리도 내지 않아요. 배트봇은 재난 현장이나 환경 조사 등에 두루 쓰일 것이라고 합니다.

거꾸로 매달리기 선수

박쥐는 좋은 날개를 얻은 대신 뒷다리가 엄청 부실해서 거의 뼈만 앙상하게 남은 꼴입니다. 그래서 땅에 내려앉으면 제대로 걷지 못하고 비실거려요. 이럴 때 천적인 족제비나 고양이라도 나타났다간 큰일 나므로 박쥐는 하루 12시간 넘게 높은 곳에 대롱대롱 매달려 지냅니다.

박쥐의 뒷다리는 쭉 펴면 자동으로 발가락이 꼭 오므라들게 되어 있어요. 발끝에 있는 갈고리는 어디든 한번 매달리면 잘 떨어지지 않게 되어 있어 박쥐는 별로 힘들이지 않고도 온종일 거꾸로 매달릴 수 있습니다.

박쥐는 잠잘 때는 물론 새끼에게 젖을 먹일 때에도 거꾸로 매달려 있어요. 하지만 그대로 똥을 누면 몸에 덕지덕지 묻겠지요. 그래서 그때만 잠시 자세를 바꿔 볼일을 본 다음 도로 거꾸로 매달린답니다.

소리로 보는 초능력자

박쥐 얼굴에 호감이 가지 않는 데에도 다 이유가 있습니다. 특히 코와 입 부분이 징그럽고 못생긴 경우가 많은데, 코 주변의 피부가 쭈글쭈글 주름져 있거나 툭 불거져 있는 것을 '비엽'이라고 해요. 박쥐는 바로 이 부분을 통해 초음파를 발사해요. 초음파는 사람이 들을 수 있는 범위를 벗어난 큰 소리입니다.

박쥐는 코나 입으로 초음파를 쏜 다음, 그 소리가 어딘가에 부딪혔다 되돌아오는 것을 커다란 귀로 낱낱이 들어요. 이렇게 해서 어떤 먹이가 어디 있는지, 어떻게 움직이고 있는지, 또 주변에 무슨 장애물이 있는지 제 손바닥 보듯 훤히 알 수 있어요.

사람들은 '소리로 보는' 박쥐의 초능력도 따라 하고 있습니다. 초음파를 이용해 장애물을 파악하는 로봇, 초음파 센서가 달린 지팡이 등은 시각 장애인들에게 큰 도움이 돼요. 구석구석 장애물을 피해 다니며 집 안을 청소하는 가정용 로봇, 미래에 도로를 씽씽 달릴 자율 주행 자동차에도 이런 초음파 센서가 사용돼요. 병원에서는 이미 오래전부터 초음파를 이용해 사람 몸속의 병을 알아내고 있고, 그 밖의 여러 분야에도 두루 쓰이고 있습니다.

3. 개성 만점 박쥐가 사는 법

박쥐는 남극이나 북극 말고는 전 세계에 널리 퍼져 살고 있어요. 몸통이 호박벌만 한 것에서부터 비둘기만 한 것까지 1천 가지가 넘어요. 참대박쥐는 날개를 활짝 펴고도 우리 손바닥 안에 쏙 들어올 정도로 작고, 황금볏과일박쥐는 날개를 편 길이가 사람 키만큼(1.5~1.8미터)이나 됩니다.

최고의 곤충 사냥꾼

남들 다 자는 깜깜한 밤에 박쥐는 보금자리에서 나와 벌레를 사냥해요. 전 세계 박쥐의 70퍼센트는 곤충을 먹고 살아요. 달도 별도 뜨지 않아 칠흑같이 어두워도 박쥐는 손톱만 한 먹이까지 귀신같이 찾아내어 날름날름 잡아먹어요.

곤충을 먹는 박쥐들은 모기, 파리, 나방 같은 걸 좋아합니다. 딱딱한 옷을 입고 있는 딱정벌레 종류도 잘 먹고요. 조금 큰 곤충이라면 나뭇가지에 앉아서 느긋하게 뜯어 먹어요.

박쥐들의 별별 식성

벌레를 좋아하지 않는 박쥐는 대개 과일을 야금야금 파먹거나, 벌처럼 꽃꿀이나 꽃가루를 먹고 살아요. 나머지는 물속 생물이나 작은 척추동물을 잡아먹고, 몇몇 종류는 동물의 피를 빨아 먹고 살아요.

과일을 먹고 사는 박쥐는 비교적 덩치가 큰 편입니다. 과일나무는 한자리에 붙어 있으니 박쥐로선 굳이 초음파를 쏘지 않아도 돼요. 이 때문에 비엽이 발달하지 않아서 박쥐 중엔 그나마 얼굴 생김새가 덜 흉측해요. 앞을 잘 보기 위해 눈이 커져서 제법 귀여운 면도 있고요.

피를 빨아 먹는 흡혈박쥐

흡혈박쥐는 잠자고 있는 동물의 몸에 달라붙어 날카로운 이빨로 피부를 뚫고 혀로 피를 핥아 먹어요. 주로 소나 돼지 같은 가축이 피해를 보지요. 이런 동물들은 제 피가 빠져나가는 동안 박쥐가 내뱉는 침 속의 마취 성분 때문에 아픔을 느끼지 못해서 마냥 쿨쿨 잠잘 뿐입니다.

이런 흡혈박쥐의 습성 때문에 '드라큘라'라는 별명을 얻기도 했지만 그 수는 아주 드물어요. 게다가 우리나라엔 살지 않고 브라질, 칠레를 비롯한 남아메리카 쪽에 주로 살고 있답니다.

겨울잠을 자는 잠꾸러기

열대 지방에 사는 박쥐들 말고는 대부분 거꾸로 매달린 채 겨울잠을 자요. 겨울에는 박쥐들의 먹이가 되는 곤충들도 별로 없고 싱싱한 과일도 찾아볼 수 없으니까요.

겨울잠을 자는 사이 박쥐의 체온은 평소 36~40℃에서 6℃ 정도로 뚝 떨어져요. 심장이 뛰는 속도도 1분에 400~1000번에서 25번 정도로 느려지고요. 자는 동안 몸속 에너지를 최대한 아껴야 하기 때문입니다. 우리나라에서도 많이 볼 수 있는 관박쥐 역시 겨울 동안 쿨쿨 잠을 자고 4월 무렵에야 깨어나 활동을 시작해요.

4. 박쥐가 사라지면 안 되는 까닭

비록 얼굴이 못생긴 데다 사람에게 병을 옮기기도 하고 여러 농작물에 피해를 주기도 하지만, 박쥐도 당당히 '지구에서 사라지면 안 될' 생물 중 하나입니다. 박쥐만이 가진 여러 개성과 놀라운 능력들 때문이지요. 그중 가장 특별한 건 포유류 중 유일하게 날아다닌다는 점입니다. 바닷속 돌고래들처럼 초음파를 이용해 앞을 본다는 점도 빼놓을 수 없어요.

박쥐는 최고의 살충제

하지만 뭐니 뭐니 해도 박쥐가 대단한 건 '벌레 잡는 능력'입니다. 박쥐는 파리, 모기들을 엄청나게 잡아먹는데, 이런 곤충은 사람에게 해를 끼치니까 우리로선 무척 고마운 일입니다. 작은갈색박쥐는 한 시간에 모기를 600~1000마리나 잡아먹는다고 해요. 계산해 보면 자기 몸무게만큼이나 먹는 셈이지요. 또 미국 텍사스의 한 동굴에 사는 박쥐들은 2천만 마리가 무리 지어 사는데, 하룻밤 사이에 무려 200톤이나 되는 곤충을 먹어 치우기도 했답니다.

열심히 일하는 박쥐들

과일박쥐나 꽃꿀 박쥐도 아주 대단한 일꾼들입니다. 열매와 꽃꿀을 먹으러 이 나무 저 나무 왔다 갔다 하는 동안 식물들의 가루받이를 도와주거든요. 꿀벌들은 낮 동안 이런 일을 하지만 밤엔 모두 들어가 쉬어요. 그래서 밤에 피어나는 꽃들은 온종일 박쥐가 오기만을 기다리지요. 박쥐가 없다면 우리는 아마 바나나, 망고 같은 열대 과일을 먹을 수 없을지 모릅니다. 그 밖에도 박쥐는 빵나무, 대추야자 등의 가루받이를 돕는 훌륭한 농사꾼이랍니다.

몇몇 커피 농장에서도 박쥐는 환영받고 있어요. 잘 익은 커피 열매를 골라서 먹은 다음엔, 사람에게 필요한 커피콩을 고스란히 내뱉거든요. 덕분에 농사꾼들은 일손을 크게 줄일 수 있는 셈입니다.

똥으로도 자연을 살려요

한편으로 박쥐들이 싸는 똥은 숲을 풍성하게 해 줘요. 똥 속의 씨앗에서 싹이 나와 자라면 식물이 널리 퍼질 수 있으니까요.

동굴 천장에 매달린 채 싸는 똥도 동굴 생태계에 아주 중요한 역할을 해요. 알고 보면 어둡고 습한 동굴 속에도 수많은 식물과 동물이 살고 있는데, 천장에서 뚝뚝 떨어지는 박쥐 똥은 아주 귀한 양분이 되거든요.

박쥐를 도와줘!

박쥐가 이 세상에서 사라지면 그 자리를 대신할 생물이 없어요. 그만큼 독특한 개성을 갖고 있지요. 하지만 이미 전 세계 박쥐의 20퍼센트는 멸종 위기에 처해 있답니다. 갖가지 전염병을 옮기는 탓에 사람들의 미움을 받는 데다, 이곳저곳에서 쉴 새 없이 무분별한 개발이 이뤄지고 있기 때문입니다. 사람들이 산을 깎고 동굴을 없애고 발전기를 세우면서 박쥐의 보금자리는 점점 줄어들고 있죠. 유리로 된 높은 빌딩들, 밤을 환히 밝히는 갖가지 인공조명들도 박쥐들의 생활을 어지럽히고요.

사람들이 관광이나 탐험을 위해 동굴에 들어가는 것도 박쥐들에겐 날벼락 같은 일입니다. 시끄러운 소리나 불빛 때문에 잠을 깬 박쥐는 바깥으로 달아나요. 그러면 수면 부족이 되어 밤사이에 아무 활동도 할 수 없게 되지요. 밤 활동을 못 하면 박쥐는 쫄쫄 굶을 수밖에요.

생김새는 좀 험악해도 박쥐들은 아주 예민해요. 세상모르고 죽은 듯이 겨울잠을 자다가도 누군가의 방해로 한동안 깨어나 움직이면, 나중에 봄이 되었을 땐 영영 깨어나지 못할 수도 있어요. 딱 겨울 동안만 필요한 에너지를 갖고 있다가 다 써 버리면 더는 꼼짝할 수 없으니까요.

박쥐는 우리나라에도 20~30종이 살고 있어요. 서식지가 파괴되고 먹잇감인 곤충이 줄어들면서 벌써 여러 종이 멸종되었거나 멸종 위기에 처해 있지요. 그중 '황금박쥐' 별명을 가진 붉은박쥐를 비롯해 작은관코박쥐,

토끼박쥐 등은 다행히 소백산, 월악산, 오대산 등지에서 사는 게 확인되었어요.

 이젠 사람들도 박쥐에 대해 더 관심을 두고, 박쥐의 생활을 방해하지 않는 가로등을 만드는 등의 노력이 이뤄지고 있어요. 사람에게 해를 끼치기도 하고 도움을 주기도 하는 박쥐. 앞으로도 오래오래 서로 방해받지 않으며 더불어 행복하게 살 방법은 무엇일까요?

영장류 제5부

'만물의 영장'이란 말을 들어 보았나요?
세상에서 가장 뛰어난 우두머리란 뜻인데,
바로 우리 같은 '사람'에게 붙여진 별명이랍니다.
과학에선 사람과 함께 오랑우탄, 침팬지, 원숭이 등을
모두 통틀어 '영장류'라고 해요.
과연 영장류가 지구에서 하는 일은 무엇이고,
절대로 사라져선 안 될 이유는 또 무엇일까요?

1. 영장류가 궁금해

사람　　침팬지　　오랑우탄　　고릴라

　세상엔 헤아릴 수 없이 많은 생물이 있고, 사람도 그중 하나예요. 과학의 눈으로 보면 사람도 엄연히 동물에 속합니다. 코끼리나 호랑이, 쥐, 바퀴벌레, 벼룩 들과 다름없이 이리저리 돌아다니며 먹이를 찾고 여러 가지 활동을 하지요.

　하지만 자연계에서 사람은 다른 동물과는 비교할 수 없을 만큼 높은 위치에 있어요. 지구의 수많은 생물 중에서 가장 진화한 동물로, 누구도 따라올 수 없는 똑똑한 머리와 특별난 재주로 지구 전체를 지배하고 있지요. 그래서 사람을 '만물의 영장'이라고 합니다.

사람   침팬지   오랑우탄   고릴라

영장류에 속하는 동물들

영장류에는 사람뿐 아니라 원숭이, 침팬지, 오랑우탄 들도 함께 속해 있어요. 이들은 한 손에 다섯 개의 손가락이 있고, 그중 엄지손가락은 나머지 손가락과 마주 보고 있어서 뭔가를 잘 움켜쥐어요. 또 대부분 가슴엔 2개의 젖꼭지가 있고, 걸을 때는 발뒤꿈치가 땅바닥에 붙어요.

다른 포유류와 달리 영장류는 윗몸을 벌떡 세워 일어설 수 있고 두 발로 걷기도 해요. 비교적 평평한 얼굴의 앞쪽에 나란히 있는 2개의 눈으로 사물을 입체적으로 볼 수 있는 것도 영장류의 중요한 특징입니다.

영장류가 사는 마을

영장류 동네는 크게 두 마을로 나뉘어요. 하나는 유인원 마을이고, 하나는 원숭이 마을입니다. 두 마을 주민들의 몸에서 가장 눈에 띄게 다른 점은 꼬리가 있느냐 없느냐예요.

꼬리가 없는 유인원 마을에는 오랑우탄, 고릴라, 침팬지, 보노보, 사람, 그리고 긴팔원숭이가 살아요. 이웃인 원숭이 마을엔 주로 나무에 대롱대롱 매달려 사는 주민들이 살고요. 하지만 사람은 스스로 '인간'이라는 이름을 따로 짓고, 다른 영장류를 모두 통틀어 '원숭이'라 부르기도 해요.

조상님을 찾아서

한데 알고 보면 이 모든 영장류는 같은 조상에게서 갈라져 나왔다고 해요. 두 마을 주민들의 할아버지의 할아버지, 할아버지를 수없이 거꾸로 되짚어가다 보면 인간과 침팬지의 조상은 약 700만 년 전에 갈라졌답니다. 고릴라는 인간이나 침팬지의 조상과 1000만 년 전에 갈라졌고요. 이렇게 까마득한 세월을 두고 생물이 서로 다른 모습으로 변해 가는 것을 '진화'라고 해요.

그런데 인간은 이런 사실을 어떻게 알았을까요? 학자들은 세상 곳곳에 파묻혀 있는 영장류들의 화석을 연구하고 있어요. 또 지금 사는 다양한 영장류의 유전자 속에도 진화에 대한 여러 가지 정보가 시계처럼 새겨져 있어서, 그걸 보고 알아내는 것이랍니다.

영장류의 진화

오랑우탄　고릴라　사람　침팬지　보노보

약 700만~800만 년 전
약 1000만 년 전
약 1500만 년~1800만 년 전

사람의 진짜 조상, 크로마뇽인

이런 식으로 자꾸 거슬러 올라가면 까마득한 어느 때엔 털북숭이 원숭이 할아버지가 나오겠지요. 하지만 인간은 그 원숭이를 '조상님'이라고 부르지는 않아요. 다른 영장류나 유인원과는 눈에 띄게 다른 식으로 진화했기 때문입니다.

비록 원숭이를 닮고 나무 위에서 과일을 따 먹으며 생활했지만, 사람의 진짜 조상이라 할 수 있는 최초의 인류는 400~500만 년 전에 처음 나타났어요. 오스트랄로피테쿠스는 '남쪽 나라 원숭이'라는 뜻인데, 바로 이때부터 여러 갈래로 진화를 거듭하는 동안 손, 뇌 등이 더욱더 발달했지요. 그리하여 1~4만 년 전에 비로소 지금 인류의 조상인 '호모 사피엔스 사피엔스(크로마뇽인)'가 나타나 오늘날에 이른 것이랍니다.

크로마뇽인은 돌로 도끼와 칼 등을 만들어 사냥을 하며 살았답니다.
크로마뇽 동굴(프랑스)에서 화석이 발견되었어요.

2. 사람을 쏙 빼닮은 유인원

침팬지, 보노보, 고릴라, 오랑우탄 같은 유인원은 인간과 가장 가까운 친척입니다. 유전자를 조사해 보면 인간과 고릴라는 97.7퍼센트가 똑같고, 인간과 침팬지는 98.4퍼센트가 똑같다고 해요. 동물원에서 만나는 침팬지랑 우리의 유전자가 겨우 1.6퍼센트만 다르다니 깜짝 놀랄 일이지요. 그 작은 차이 때문에 우리는 침팬지랑 겉모습이 다를 뿐 아니라 말로 소통하고, 예술을 즐기고, 온갖 복잡한 도구를 만들어 사용하고, 다양한 문화를 만들

보노보   침팬지   긴팔원숭이

줄 아는 것입니다. 하지만 침팬지, 보노보, 고릴라, 오랑우탄에게도 나름의 소통 방식과 문화가 있고 간단한 도구를 사용하기도 해요. 그러니 무턱대고 무시하면 안 되겠지요.

유인원의 종류
- **침팬지** : 다 큰 키 100~170cm. 몸무게 40~80kg.
- **보노보** : 다 큰 키 70~85cm. 몸무게 30~60kg.
- **고릴라** : 다 큰 키 150~190cm. 몸무게 70~280kg.
- **오랑우탄** : 다 큰 키 120~150cm. 몸무게 30~90kg.
- **긴팔원숭이(소형 유인원)** : 다 큰 키 120~150cm, 몸무게 10kg 안팎.

침팬지, 인간과 가장 가까운 친척

영화 <혹성 탈출>에서 지능이 뛰어난 돌연변이 유인원이 태어나 인간을 위협해요. 그게 바로 침팬지입니다. 뒷날에 정말로 그런 일이 일어날지 어떨지는 모르지만, 지금의 침팬지들은 주로 무더운 아프리카 숲속에서 살아요. 원숭이처럼 온몸이 까만 털로 덮여 있지만 얼굴과 손바닥, 발바닥엔 털이 없고 가슴 털도 적어요. 나무를 잘 타기는 해도 주로 땅에 내려와 살고, 팔과 다리를 모두 사용해 어기적거리며 걸어요. 과일이나 나뭇잎을 즐겨 먹으며, 곤충이나 다른 동물들을 잡아먹기도 합니다.

침팬지는 보통 수십 마리씩 무리를 지어 사는데, 많은 경우는 100마리나 된다고 해요. 그러다 보니 서로 꽥꽥거리며 소리치고 싸우고 하루도 조용할 날이 없어요. 그래서 종종 우두머리 수컷이 나서서 인상 팍팍 쓰며 해결합니다.

침팬지는 다양한 몸짓과 표정, 소리로 의사소통을 해요. 인사할 땐 서로 '우우우우' 외치고, 뭔가 무서운 게 있을 땐 이빨을 드러내고 얼굴을 일그러뜨리며 친구들에게 알려요.

그런가 하면 간단한 도구를 사용하기도 해요. 단단한 열매는 돌멩이로 쿵쿵 쳐서 껍데기를 깨뜨려 먹고, 몸이 근질근질할 땐 나뭇잎을 물에 적셔 씻기도 해요. 간식으로는 흰개미를 무척 좋아하는데, 가늘고 긴 풀줄기를 구멍 속에 넣어서 달려 나온 것을 훑어 먹는답니다.

침팬지와 제인 구달

'침팬지의 어머니'라는 별명을 가진 제인 구달은 40년 넘게 침팬지들과 가까이 지내면서 연구했어요.

평화를 사랑하는 보노보

보노보는 여러모로 침팬지와 비슷한데 덩치가 좀 작고 성질도 순해요. 다만, 몸에 비해 팔과 손이 훨씬 더 긴 편입니다.

보노보도 수십 마리가 무리를 이루어 사는데, 침팬지와는 달리 암컷이 전체 무리를 이끌어요. 먹이를 구해 오는 건 암컷, 수컷이 따로 없지만, 먹이를 나누는 건 나이 많은 암컷이 맡아요. 수컷이 더 힘이 세긴 해도, 말썽부리는 수컷이 있으면 암컷들 여럿이 힘을 합쳐 해결하고요.

아프리카 콩고강 근처에 평화롭게 모여 살고 있지만, 숲이 망가지고 사람들이 많이 사냥하기도 해서 다른 유인원들처럼 멸종 위기에 처해 있답니다.

오랑우탄과 고릴라, 긴팔원숭이

온몸이 갈색 털로 뒤덮인 오랑우탄은 나뭇가지와 나뭇잎을 이용해 집을 짓고 나무 위에서 생활해요. 여러 가지 과일을 좋아하는데 특히 두리안을 엄청나게 좋아해요.

고릴라는 유인원 중에서 몸이 가장 커요. 힘도 사람보다 훨씬 세고요. 가끔 화날 때면 흥분해서 코를 벌름거리며 이빨을 드러내고 가슴을 쿵쿵 두드려요. 하지만 성격이 온순한 편이라 남을 공격하는 경우는 드물어요.

긴팔원숭이는 가장 작은 유인원인데, 꼬리가 없다는 것만 빼면 보통의 원숭이들과 별반 다를 게 없어요. 이름에 걸맞게 팔이 유난히 길어서 걸어갈 때는 손이 땅에 닿고, 나무 사이로 건너갈 때는 긴 팔을 쭉쭉 뻗어 멋진 공중 묘기를 보여 줍니다.

신세계원숭이들이 사는 곳

3. 온종일 시끌벅적 원숭이 세상

이리저리 쪼르르르 신나게 뛰어다니고, 높은 나뭇가지에 대롱대롱 매달리기도 하고, 갖가지 재주를 부리는 원숭이는 동물원에서 인기 만점입니다.

영장류 중에서 원숭이 종류는 꼬리가 달려 있고, 유인원보다는 몸에 털이 많은 편입니다. 손가락에 지문이 있고, 엄지손가락이 있어서 뭔가를 잘

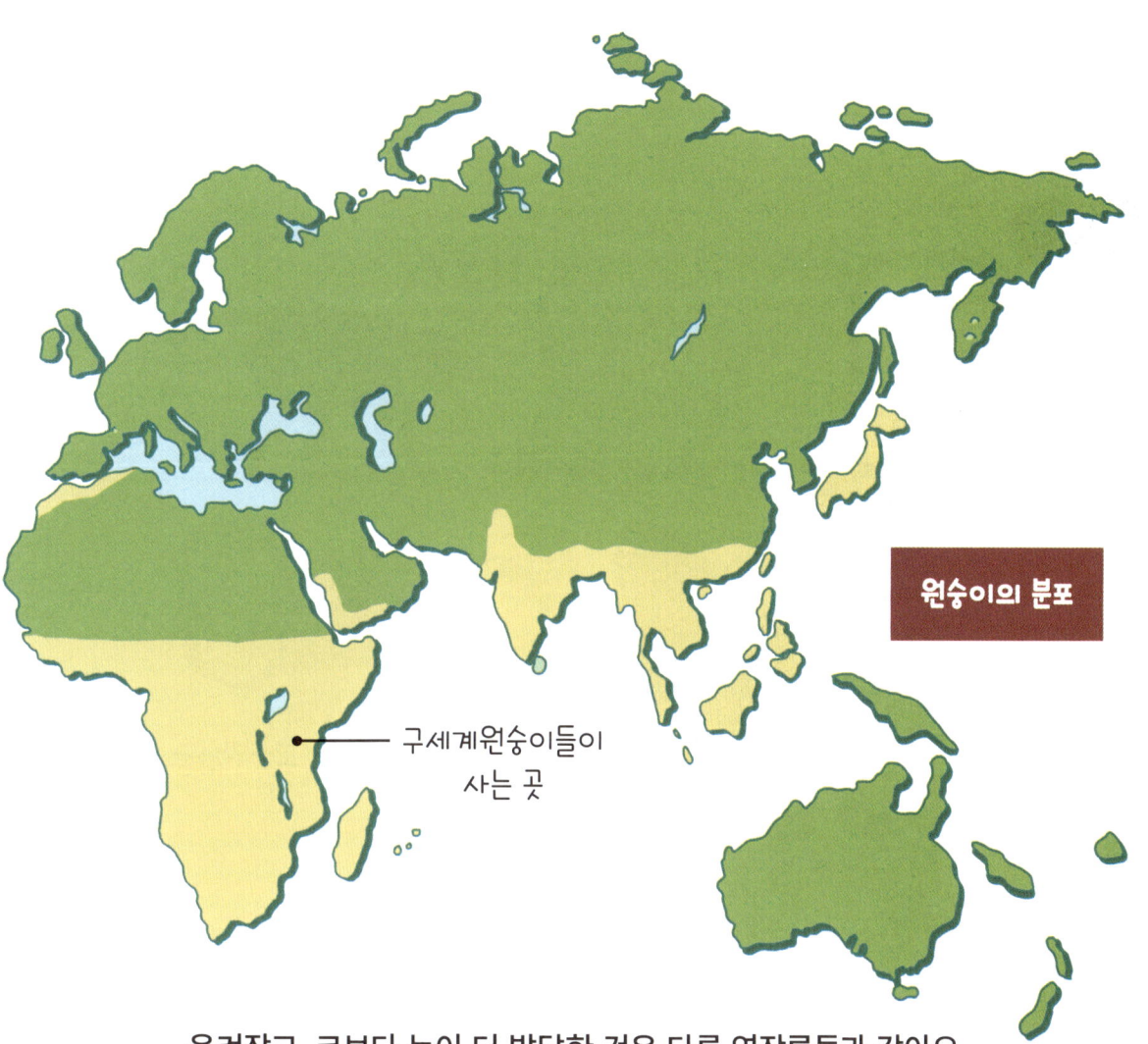

원숭이의 분포

구세계원숭이들이 사는 곳

움켜잡고, 코보다 눈이 더 발달한 것은 다른 영장류들과 같아요. 그중 어떤 것은 두 발로 벌떡 일어서기도 하고, 아주 간단한 도구를 사용하기도 해요.

몸무게가 휴대 전화보다도 가벼운 애기여우원숭이부터 덩치 큰 개코원숭이까지, 원숭이 종류는 전 세계에 약 200종이 살고 있어요. 이들은 사는 곳에 따라 크게 구세계원숭이와 신세계원숭이로 나뉜답니다.

콧구멍 사이가 좁은 구세계원숭이

 구세계원숭이는 아프리카와 아시아에 살고 있어요. 이들은 왼쪽, 오른쪽 콧구멍이 바짝 붙어 있고, 꼬리가 있긴 하지만 돌돌 감거나 하지는 않아요. 붉은꼬리원숭이, 개코원숭이, 코주부원숭이, 긴꼬리원숭이 들이 여기에 속해요. 벌레를 잡아먹기도 하고 과일이나 나뭇잎을 따 먹기도 하며, 대부분 나무 위에서 생활해요. 하지만 '비비'라는 이름으로도 잘 알려진 개코원숭이는 주로 땅 위에서 생활합니다.

콧구멍 사이가 넓은 신세계원숭이

신세계원숭이들은 멕시코와 남아메리카에 살아요. 구세계원숭이들보다 코가 납작하고, 왼쪽과 오른쪽의 콧구멍 사이가 넓은 편입니다. 꼬리를 돌돌 감아서 나뭇가지를 붙잡을 줄 아는 녀석들도 많고요. 비단원숭이, 다람쥐원숭이, 거미원숭이, 올빼미원숭이 들이 여기에 속해요.

신세계원숭이들 역시 무리 지어 살기를 좋아하는데, 다른 무리를 만나면 사납게 짖어내며 쫓아내거나 조금씩 자기들 영역을 넓혀 나가요. 나무 열매나 나뭇잎, 새알, 곤충 등 여러 가지를 먹고 삽니다.

4. 지구를 지키는 영장류

사람을 제외한 영장류는 대부분 숲에서 살고 있어요. 모두 400여 종에 이르지만 이미 100종 넘게 멸종해서 지금은 200~300종만 남아 있답니다. 혼자 사는 걸 좋아하는 오랑우탄을 빼고는 대개 무리를 지어 사는데, 그 까닭은 위험이 닥쳤을 때 서로 돕거나 힘을 모으기 위해서예요.

하지만 사람들이 먹을 가축을 기르거나 밭을 가꾸기 위해, 또는 건물을 짓거나 도로를 만들기 위해 나무를 베어내고 숲을 없애는 바람에 점점 살 곳을 잃고 있어요. 사람들의 부주의나 전쟁 때문에 숲이 불타기도 하고요. 또 동물원의 구경거리로 삼거나, 심지어 잡아먹기 위해 사람들이 사냥하는 예도 많습니다. 이 때문에 지금 남아 있는 거의 모든 영장류는 위기에 처해 있어요.

영장류가 소중한 이유, 하나

영장류는 수많은 지구 생물 중에서 우리 인간과 가장 가까운 사이예요. 유전자가 90퍼센트 넘게 똑같으니까요. 그래서 '맨 처음 인간은 언제 생겨났을까?', '인간은 어떻게 지금처럼 변하게 된 걸까?', '인간의 생활과 문화는 어떤 식으로 달라져 왔을까?' 그 밖에도 사람에 대한 여러 가지를 연구하는 데 아주 중요한 실마리가 돼요. 또 아프리카의 몇몇 나라들은 영장류를 이용한 관광으로 큰돈을 벌고 있고요. 하지만 이런 것들은 어디까지나 사람의 관점에서 영장류가 중요한 이유입니다.

영장류가 소중한 이유, 둘

영장류는 자기 생김새와 생활 방식대로 열심히 살아가면서 지구를 살리고 있어요. 과일을 먹고 똥을 누면 거기에서 나온 씨앗에서 새로운 식물이 싹 트고 자라지요. 그러니 숲속의 영장류들은 이곳저곳 돌아다니며 부지런히 씨앗을 뿌리는 셈입니다.

아프리카와 남아메리카, 아시아의 열대 숲은 '지구의 허파'라 할 수 있어요. 지구에서 발생한 이산화탄소를 흡수하고 맑은 공기를 새록새록 만들어내니까요. 영장류는 바로 이런 숲을 가꾸고 지키는 데 없어서는 안 될 최고의 농사꾼입니다.

최고의 영장류, 인간이 하는 일

그런데 사람은 어떤가요? 생물 중에 최고, 영장류 중에서도 최고인 인간은 자기 몫을 다하며 살고 있나요? 혹시나 땅속, 물속을 파헤쳐 자원을 마구 캐내고, 화석 연료를 불태우거나 오염물질을 펑펑 만들어내면서 지구를 망가뜨리고 있는 건 아닐까요? 그 때문에 수많은 다른 생물이 사라져 가고, 이제는 우리 자신도 피해를 보고 있어요. 지구 온난화와 오존층 파괴, 세상 곳곳에서 나타나는 기상 이변, 변종 바이러스 출현, 미세 먼지와 미세 플라스틱 발생 등등등…….

진짜 '만물의 영장'이 되는 법

그래서 지구의 미래는 어둡다고 하지만, 아직 희망이 있다고 말하는 학자들도 있어요. 가장 뛰어난 지능을 가진 인간이 이제부터라도 지구와 모든 생물을 위해 멋진 지혜와 재주를 발휘하면 된다는 거예요.

그럼 어떻게 우리가 지구를 살릴 수 있을까요? 장차 대단하고 놀라운 방법들이 많이 나오겠지만, 사실 그 시작은 그렇게 거창하지 않아요. 바로 지금 당장 내가 실천할 수 있는 작은 일부터 하나하나 하는 거예요. 쓰레기 적게 버리기, 음식 남기지 않기, 에너지 아껴 쓰기, 화분에 씨앗 하나 심기……. 이런 식으로 지구와 모든 생명을 위해 조금이라도 보탬이 될 때, 우린 비로소 진짜 '만물의 영장' 자격이 있는 건 아닐까요?

다섯 생물 관련 상식 퀴즈

1. 헤엄치는 능력이 부족해서 그저 물속에 둥둥 떠다니는 생물을 무엇이라고 할까요?
2. 식물 플랑크톤은 산소를 마시고 이산화탄소를 만들어내요.
   (○, ×)
3. 거북이나 고래도 아주 어렸을 때는 동물 플랑크톤 시기를 거쳐요.
   (○, ×)
4. _____은 새우 종류가 아니라 '난바다곤쟁이'라고 하는 동물 플랑크톤의 일종입니다.
5. 세균, 바이러스, 곰팡이, 버섯 등을 통틀어 _____라고 해요.
6. _____은 소화를 돕고 변비를 예방하는 유익한 세균입니다.
7. 커다란 곰팡이라 할 수 있는 버섯은 죽은 생물을 분해하여 자연으로 돌아가게 해요. (○, ×)
8. 버섯은 맛있고 몸에도 좋기 때문에 숲속에서 발견하면 맘대로 따 먹어도 돼요. (○, ×)
9. 꿀벌의 벌집 안에 가장 많은 건 _____이고, 그다음은 수벌이며, _____은 딱 한 마리예요.
10. _____는 나중에 여왕벌이 태어날 방으로, 벌집의 아래쪽에 있어요.
11. 여왕벌은 3~5년 동안 살면서 날마다 알을 낳아요. (○, ×)
12. 수벌은 짝짓기하지 않을 때는 다른 일벌들을 도와서 함께 단물을 모으고 꿀을 만들어요. (○, ×)

13. 벌은 식물의 _____를 가장 많이 돕는 곤충입니다.

14. 포유류 중에서 유일하게 스스로 하늘을 날 수 있는 동물은 무엇일까요?

15. 박쥐의 날개는 발가락 사이사이에 피부가 늘어난 모습인데 이걸 _____이라고 해요.

16. 박쥐는 눈이 별로 좋지 않은 대신 _____를 쏘아서 먹이를 찾아내요.

17. 다 큰 오랑우탄, 고릴라, 침팬지, 보노보 중에서 제일 덩치가 큰 동물은 누구일까요?

18. 인류의 조상은 1~4만 년 전에 나타난 _____입니다.

19. 간식으로 흰개미를 즐기는 _____는 가느다란 나뭇가지를 이용해서 잡아먹어요.

20. 오랑우탄은 무리 지어 사는 걸 좋아해요. (○, ×)

21. 비단원숭이, 다람쥐원숭이, 거미원숭이, 올빼미원숭이는 구세계원숭이에 속할까요, 신세계원숭이에 속할까요?

정답
01 플랑크톤　02 ×　03 ×　04 크릴　05 균류　06 유산균　07 ○　08 ×　09 일벌, 여왕벌　10 왕대　11 ○　12 ×　13 가루받이　14 박쥐　15 비막　16 초음파　17 고릴라　18 호모 사피엔스 사피엔스(또는 크로마뇽인)　19 침팬지　20 ×　21 신세계원숭이

다섯 생물 관련 단어 풀이

포유류 : 폐로 호흡하고, 새끼를 낳아 젖을 먹여 키우는 동물.

조류 : 하늘을 날 수 있는 척추동물.

어류 : 물속에 살며, 지느러미가 있고 아가미로 호흡하는 척추동물.

파충류 : 온몸이 비늘로 덮여 있고, 주변의 온도에 따라 체온이 변하는 동물.

양서류 : 개구리, 두꺼비처럼 땅 위 또는 물속에서 살며, 폐와 피부로 동시에 호흡하는 동물.

세계 자연 기금(WWF) : 국제적으로 야생 생물을 보호하고 연구하기 위하여 만든 기금. 1961년에 세계 야생 생물 기금이라는 이름으로 창설했는데, 1989년에 이 이름으로 변경함.

세계 자연 보전 연맹(IUCN) : 전 세계 자원과 자연 보호를 위해 국제 연합의 지원을 받아 1948년 설립된 세계 최대 규모의 환경 보호 관련 국제기구.

멸종 : 생물의 대가 완전히 끊어져 버림.

서식지 : 동물이나 식물이 자리 잡고 살아가는 곳.

플랑크톤 : 물에 떠다니는 작은 생물. 부유 생물.

균류 : 세균, 바이러스, 곰팡이처럼 동물과 식물의 중간에 위치한 분해자.

영장류 : 사람을 비롯해 침팬지, 원숭이 등이 속한, 가장 고등한 포유류.

번식 : 생물이 알이나 씨앗을 널리 퍼뜨리는 일.

광합성 : 식물이 이산화탄소와 물을 재료로 빛을 이용해 양분과 산소를 만들어내는 활동.

먹이 사슬 : 생물들끼리 서로 잡아먹고 먹히는 관계.

세포 : 생물체를 이루는 기본 단위.

바이오 연료 : 바이오매스에서 얻는 연료. 살아 있는 유기체뿐 아니라 동물의 배설물 등 대사 활동에서 나오는 부산물을 모두 포함함.

적조 현상 : 플랑크톤이 비정상적으로 많아져 바닷물이 붉게 물들어 보이는 것.

세균 : 생물 중 가장 작고 하등한 단세포 생활체.

바이러스 : 다른 생물의 세포에 붙어 살고, 세포 안에서만 그 수가 늘어나는 미생물.

곰팡이 : 어둡고 습기가 찬 곳에서 자라는 균.

전자 현미경 : 빛이 아닌 전자선을 이용해 물체를 크게 확대하여 보는 장치.

감염 : 바이러스 같은 병원체가 동물이나 식물의 몸 안에 들어가 증식하는 일.

구제역 : 소나 돼지 따위의 동물이 잘 걸리는, 전염성이 강한 바이러스 병. 입의 점막이나 발톱 사이의 피부에 물집이 생기며 체온이 급격하게 상승하고 식욕이 떨어지는 증상을 보임.

조류 인플루엔자 : 조류 독감. 닭, 오리 따위와 같은 가금류와 야생 조류 등이 걸리는 급성 바이러스 전염병.

인플루엔자 바이러스 : 유행 감기의 병원체.

유전자 : 부모에서 자식으로 물려지는 특징을 만들어내는 유전 정보의 기본

단위.

포자 : 수정하지 않고 스스로 자손을 만드는 세포.

분해자 : 생태계에서 죽은 생물체나 동물의 배설물 등을 분해하는 생명체.

페로몬 : 동물, 특히 곤충이 분비·방출하여 같은 무리에게 어떤 행동을 일으키게 하는 물질. 위험을 알리는 경보 페로몬, 이성을 꾀는 성페로몬 따위가 있음.

천적 : 자신을 잡아먹는 해로운 적.

밀랍 : 벌집을 만들기 위해 꿀벌이 분비하는 물질.

로열 젤리 : 여왕벌이 될 새끼를 기르기 위하여 꿀벌이 분비하는 하얀 자양분의 액체.

양봉 : 꿀을 얻기 위해 벌을 기르는 일.

가루받이 : =수분. 꽃 피는 식물에서 꽃가루가 암술머리에 옮겨 붙는 일.

지구 온난화 : 지구의 기온이 높아지는 현상.

비막 : 박쥐, 하늘다람쥐, 날다람쥐 등 활주 또는 비행을 하는, 조류를 제외한 척추동물에서 앞다리, 몸 쪽, 뒷다리에 걸쳐서 피부의 주름으로 형성된 막.

색맹 : 색채를 식별하는 감각이 불완전하여 빛깔을 가리지 못하거나 다른 빛깔로 잘못 보는 상태.

초음파 : 사람 귀에 소리로 들리는 한계 주파수를 넘어서, 들을 수 없는 음파.

유인원 : 영장류 중 꼬리가 없는 긴팔원숭이 종류와 고릴라, 오랑우탄 등.

진화 : 생물이 오랜 세월에 걸쳐 대를 잇는 동안 점점 변해 감.

화석 : 고대의 동식물 모습이 돌 속에 눌린 채 남아 있는 흔적.

크로마뇽인 : 1868년 프랑스 도르도뉴 지방에 있는 크로마뇽 동굴에서 발견된 최초의 현생 인류.

돌연변이 : 유전자 염색체 변화로 전혀 다른 생물이 태어남.

화석 연료 : 석유나 석탄처럼, 아주 먼 옛날의 생물이 땅속에 묻혀 화석처럼 굳어진 연료.

오존층 : 오존 성분을 많이 포함하고 있는 대기층으로, 생물에 해로운 태양의 자외선을 잘 흡수함.

기상 이변 : 예전과는 아주 다르게 나타나는 날씨 현상.